O LÍDER 3D

24 LEIS PARA CONSTRUIR UM NOVO LÍDER

Copyright© 2022 by Literare Books International
Todos os direitos desta edição são reservados à Literare Books International.

Presidente:
Mauricio Sita

Vice-presidente:
Alessandra Ksenhuck

Diretora de projetos:
Gleide Santos

Diretora executiva:
Julyana Rosa

Relacionamento com o cliente:
Claudia Pires

Capa:
Triunfo Sudler Brasil

Projeto gráfico e diagramação:
Gabriel Uchima

Preparação:
Ana Fuliaro

Revisão:
Rodrigo Rainho e Ana Fuliaro

Impressão:
Impressul

Dados Internacionais de Catalogação na Publicação (CIP)
(eDOC BRASIL, Belo Horizonte/MG)

Soares, Scher.
O líder 3d / Scher Soares. – São Paulo, SP: Literare Books International, 2022.
14 x 21 cm

ISBN 978-65-5922-177-6

1. Literatura de não-ficção. 2. Liderança. 3. Sucesso nos negócios. I. Título.

CDD 658.4

Elaborado por Maurício Amormino Júnior – CRB6/2422

Literare Books International.
Rua Antônio Augusto Covello, 472 – Vila Mariana – São Paulo, SP.
CEP 01550-060
Fone: +55 (0**11) 2659-0968
site: www.literarebooks.com.br
e-mail: literare@literarebooks.com.br

O LÍDER 3D

SCHER SOARES
JANAINA ROSAS (ORGANIZADORA)

PREFÁCIO

Janaína Rosas
Executive Director
da Triunfo Sudler Brasil

Este livro que você tem em mãos e começará a ler a partir de agora é um "livro de verdade". Essa afirmação pode parecer estranha, pois isso implica que possam existir "livros de mentira" por aí. Longe de isso ser uma provocação de minha parte (afinal, você já se deparará com várias provocações ao longo de sua leitura), mas a verdade é que, ao começar a ler algo escrito por consultores, palestrantes e *coaches*, sempre esperamos conselhos e mais conselhos, os quais nem sempre se efetivam na prática. Pois é, existem consultores e palestrantes, e existe Scher Soares.

Ao conhecer Scher, quando ele ainda não era meu marido, já notei nele um desejo muito forte de transformar a vida das pessoas. Ele já tinha um dom incrível de, por meio de suas palavras e ações, tirar as pessoas de sua zona de conforto. E se você, assim como eu, é um empreendedor que está à frente de uma ou mais empresas, ou simplesmente é líder em alguma organização, certamente sabe quão árduo é fazer as pessoas se moverem de sua amável zona de conforto, principalmente no Brasil.

Sobre isso, inclusive, Scher sempre falava como era desafiador liderar pessoas em um país onde a média prevalece, onde temos um grave problema com o nível de execução das coisas. Por isso, sua preocupação era promover mudanças efetivas em seus clientes, de modo que nenhuma de suas recomendações não pudessem ser usadas, de fato, na prática. Foi com esse desejo que ele abriu sua consultoria entre os anos de 2003 e 2004, começando do zero, até se tornar o grande consultor e palestrante que foi.

Bem, se você já assistiu a alguma palestra de Scher Soares ou passou pelo seu processo de consultoria, convivendo com ele, sabe que era impossível continuar sendo a mesma pessoa depois de participar dos seus treinamentos. Com ele, era "ame ou odeie". Mas, felizmente, ele conseguiu angariar muito mais pessoas transformadas do que decepcionadas diante dessa dualidade ao longo de sua trajetória. Afinal, a dor do cliente era a dor do próprio Scher, muito em parte por conta do seu grande coração.

Coração esse de um moleque que amava ser baiano. Um devorador de livros de todos os tipos, curioso sobre todas as coisas, um incansável que tinha solução para

PREFÁCIO

tudo. Um jogador que detestava perder. Tudo que ele fazia, fazia bem, senão nem começava, era assim no jogo de tênis ou até mesmo nas coisas simples do dia a dia, como aceitar se divertir em uma dança de salão comigo mesmo sem ser um exímio dançarino. Como marido, filho ou pai, Scher também era essa intensidade toda com ele mesmo, o *mindset* que ele buscava desenvolver nos outros, antes já havia sido criado nele mesmo.

Por isso, este não é só mais um livro repleto de conselhos e teorias para o mundo empresarial. Este é o legado de toda uma vida de um ser humano incrível que não passou despercebido, que só pode ser assim porque muitos já viveram na pele o impacto de se tornarem líderes por meio desse método capaz de mudar empresas e vidas. Hoje, não é mais possível ser impactado por uma palestra ou consultoria de Scher Soares, mas ele nos deixou este livro, um bem precioso que apresento agora a você e que certamente também irá mudar a forma de liderar sua equipe e até a sua própria vida. Prepare-se para não ser mais o mesmo, prepare-se para ler um "livro de verdade".

INTRODUÇÃO: COMO VOCÊ GOSTARIA DE SER LIDERADO?

Se você, como líder, nunca fez essa pergunta aos seus liderados ou nunca a ouviu de um dos líderes que já teve ao longo de sua carreira, certamente se frustrou em algum momento com o *feedback* que recebeu sobre o seu trabalho. Como consultor, palestrante e empresário, já vivenciei diversas vezes esse tipo de frustração, ouvindo de líderes dos mais variados segmentos de negócio reclamações do tipo "já ensinei mil vezes e mesmo assim a minha equipe não faz".

Daí se destaca a importância do alinhamento de expectativas, premissa tão fundamental na relação entre líder e liderados. Costumo dizer sempre que o jogo precisa ser combinado antes de começar, porque assim haverá mais potencial para a partida ser ganha e de as frustrações serem menores.

E é isso que quero fazer, agora, com você, caro leitor. Alinhar expectativas! Pois imagino quais são as suas expectativas ao pegar este livro em mãos. O que mais tenho visto em minha trajetória são líderes querendo descobrir o "como" da liderança.

O LÍDER 3D

Há muita teoria e material disponíveis para estudo, mas parece que sempre fica uma questão ao final, "certo, mas e aí? Como eu faço agora? Como aplico isso à prática de liderar?".

Se essa também é uma de suas dúvidas, quero alinhar com você neste início da nossa jornada que este livro pretende representar um diferencial para sua trajetória ao focar em mostrar o "como" da liderança, e não ser apenas mais um livro lhe mostrando o que todo mundo já fala sobre o assunto.

Afinal, da mesma forma que costumo dizer que o resultado de um *coach** será medido pelo progresso de seu *coachee***, quero que o resultado deste livro seja medido pelo seu sucesso como líder.

Mas de que forma ensinar o "como" da liderança?

Baseando-me nas principais demandas de nossos clientes de consultoria, identifiquei ser esta uma área de difícil solução, na qual é preciso ir além apenas do conhecimento. Pois o "saber", ter o conhecimento sobre liderança, é essencial, porém a aplicação, o método empregado, é que fará a diferença ao alcançar o "saber fazer e fazer de fato".

A questão, nesse sentido, é o tempo que se leva para adquirir tal experiência. Afinal, a liderança por si só é um conhecimento muito amplo, que é aprimorado ao longo da

---

* *Coach* é o nome dado a quem ministra o processo de *coaching*.

** *Coachee*, por sua vez, é o nome dado a quem participa do processo de *coaching*.

INTRODUÇÃO

carreira, com a atenção ainda para o amadurecimento cronológico lento do ser humano. Sendo assim, nesta caminhada, haverá erros e acertos, tornando este navegar mais difícil ou até doloroso.

Por isso, decidi escrever este livro com o propósito de ajudar líderes interessados em aprender a aplicação da liderança, propondo uma estrutura de pensamento e de atuação de forma prática, de modo que você possa levá-la para o seu dia a dia imediatamente, movimentando-se a cada capítulo deste livro.

Contudo, se estou me dirigindo, neste momento, a um líder já em sua posição de CEO*, presidente de uma organização ou, ainda, um profissional com anos ou até décadas de atuação, imagino que você não esteja mais buscando algo extremamente inédito, pois já há de ter visto e conhecido muito acerca do tema liderança ao longo de sua trajetória.

Neste caso, talvez o exercício da liderança nem represente mais um desafio para o seu cotidiano profissional. Sendo assim, quero convidar você a rever sua atuação diária e a se analisar. Pois quantas coisas fazemos supostamente todos os dias e, ainda assim, acabamos nos esquecendo de algo simples? Será que aprendemos a fazer e fazemos corretamente? Na verdade, o processo de desenvolvimento é isso, fazemos algo por anos e acabamos nos esquecendo das inerências.

---

* CEO é a sigla do termo *Chief Executive Officer*, que representa o mais alto cargo de direção em uma organização.

O LÍDER 3D

Por isso, meu propósito é que esta jornada também faça sentido para você e agregue mais à sua vasta experiência.

Entendido isso, e estando alinhados ao que você encontrará em sua leitura, com as expectativas postas à mesa, quero apresentar alguns recursos que você encontrará ao longo do livro para cumprirmos a missão de tirá-lo do papel de um leitor comum para o de um leitor que vai se transformando um pouco mais em líder, ou em um novo líder, a cada capítulo concluído.

Isso só será possível com a sua participação! Motivado pelo conceito de andragogia*, o qual aplico sempre em meus treinamentos, quero que este livro represente intensa aplicabilidade para o seu dia a dia, a fim de tirar você do lugar comum e de sua zona de conforto.

Então, sua participação ao longo desta leitura se dará por meio de alguns desses recursos:

A JORNADA DO LÍDER

Ao final dos capítulos deste livro, está a sua Jornada do Líder, que é um conjunto de exercícios para serem

---

* Andragogia é o conceito de educação que diz respeito ao aprender do adulto, creditado a Malcolm Knowles (1970), ao contrário da "pedagogia". Dentre outros princípios, ele se baseia em seis principais meios pelos quais um adulto pode se interessar em aprender: aplicabilidade, autonomia, experiências prévias, interatividade, clima favorável e recepção.

INTRODUÇÃO

feitos paralelamente à sua leitura. Em determinados pontos, você será convidado a parar e ir até um desses exercícios, a fim de colocar em prática uma reflexão ou atividade que o ajudará a desenvolver o conceito que está sendo exposto. Essa dinâmica será de extrema importância para que você vivencie na prática a explicação do capítulo em questão. Ou seja, será a forma de você materializar a sua jornada para se transformar em um líder ou se aprimorar como líder.

NOTAS DE RODAPÉ

Todo livro tem suas notas de rodapé para fazer adendos ou dar explicações extras ao leitor. Você mesmo já encontrou algumas até aqui. Mas considero que todo líder tem suas próprias notas de rodapé para serem feitas. Elas vêm de suas experiências, daquilo que você vê em seu dia a dia, do seu aprendizado diário na função de liderar. Por isso, em determinados pontos do livro você será convidado a escrever sua própria nota de rodapé ao final da página. Pode ser para fazer um adendo que marcou você, a fim de colocar um lembrete em determinado conceito ou, quem sabe, acrescentar informação ao texto. O importante é deixá-lo atento, a cada linha de sua leitura.

O LÍDER 3D

CAIU A FICHA?

"Caiu a ficha" é uma expressão oriunda da década de 1990, referente ao momento em que as ligações eram completadas nos antigos "orelhões". Desde então, essa expressão é utilizada quando entendemos algo, mesmo com certo atraso. É um *insight* importante para a nossa jornada.

Afinal, é possível tirar aprendizados de vários momentos do nosso dia, o tempo todo, e um líder sempre está atento a essas sacadas para construir seu próprio arsenal de ideias, pensamentos e reflexões.

Por isso, há um espaço em branco ao final de cada capítulo deste livro para você ir marcando quais foram as fichas que caíram durante sua leitura. Não importa o que, nem quando. Caiu uma ficha? Então, vá para lá e registre essa informação.

E então, você está pronto para jogar? Fixe seu foco no processo de se transformar em um líder e venha conhecer a Liderança Tridimensional e ver o que ela pode fazer por você e por sua equipe!

SUMÁRIO

1. IDENTIDADE DO LÍDER 17

2. LIDERANÇA TRIDIMENSIONAL 55

3. O LÍDER GESTOR 85

4. O LÍDER DE TIMES 135

5. O LÍDER COACH 179

CONSTRUA O SEU LEGADO 229

FONTES DE CONSULTA 235

JORNADA DO LÍDER 241

IDENTIDADE DO LÍDER

1

O MELHOR INDICATIVO DE LIDERANÇA
QUE VOCÊ PODE TER É A RESPOSTA
PARA A SEGUINTE PERGUNTA:
VOCÊ ME INDICARIA COMO LÍDER?

CAPÍTULO 1

Se você está com este livro em mãos é porque, provavelmente, tem o desafio da liderança pela frente. Mas, será que você é um líder, de fato? Sim? Certo. Porém, será que é possível afirmar ser alguma coisa que ainda não se sabe exatamente o que é?

Esta indagação é para refletir se você realmente sabe o significado de ser líder. De fato, você pode já estar sob a função de líder, porque recebeu de seu superior esta nova atribuição, por ter sido promovido como mérito por um bom trabalho ou, quem sabe, por ter se tornado um empreendedor.

Todas essas situações podem ser meios pelos quais a liderança chegou até você. Contudo, será que você já assumiu a identidade de líder? Antes de responder que sim, convido-lhe a nos aprofundarmos um pouco mais no sentido de identidade para você rever seu *mindset* enquanto líder.

SER OU NÃO SER, EIS A QUESTÃO!

O que vem à sua mente quando falo de identidade? Parece filosófico começar discutindo esta questão com a famosa fala de Hamlet, mas ela sintetiza bem o conceito de identidade: é o que você é, ou melhor, tudo aquilo que você é. Ao dizer "eu sou" determinada coisa, você está afirmando uma identidade. Porém, será que as pessoas geralmente sabem o que significa ser algo?

O LÍDER 3D

Um exemplo que ilustra perfeitamente esta indagação é a condição de ser empreendedor. Quando alguém diz ser um empreendedor, espera-se que esta pessoa pense, fale e se comporte como um empreendedor, bem como tenha crenças e capacidades de empreendedor. Entretanto, quando vemos quais são as motivações do brasileiro para abrir seu próprio negócio, deparamo-nos com algumas incoerências frente à identidade de empreendedor.

Uma dessas motivações é, por exemplo, ser seu próprio chefe. E estamos falando de um país que alcançou sua maior taxa de empreendedorismo dos últimos quatorze anos, sendo que a cada dez brasileiros, quatro estão envolvidos na criação de uma empresa, segundo pesquisa[*] do Sebrae (2015).

O problema é que "não ter chefe" ser a motivação de tanta gente ao abrir seu próprio negócio é uma incoerência com a identidade de empreendedor, assim como ter mais tempo livre, ganhar mais dinheiro e ter menos estresse também são, pois se tratam de expectativas radicalmente contrárias daquilo que uma pessoa encontra ao passar a empreender.

Nesse sentido, existe um abismo entre ser um executivo e ser empreendedor, pois são duas identidades diferentes, e

---

[*] Pesquisa do Global Entrepreneurship Monitor (GEM) 2015, patrocinada pelo Sebrae, cujo resultado aponta que a cada 10 brasileiros, 4 são empreendedores.

CAPÍTULO 1

nem sempre uma navega bem na outra. Assim, um executivo tentando se tornar um empreendedor vai se deparar com algumas mudanças, como multiplicar sua carga horária; ter mais estresse; muitas vezes ter de pagar a todos, mas não a ele mesmo; e ter vários chefes, em vez de um, que são os seus próprios clientes. Para um empreendedor, tudo isso é normal, pois ele tem cabeça e crenças de um empreendedor, já para um executivo, talvez não seja. Portanto, é preciso ser coerente com a identidade assumida.

Ainda nesta questão, podemos pensar que existem três grandes mudanças de identidades consideradas complexas: o primeiro casamento, o primeiro filho e o primeiro cargo de liderança. Afinal, trata-se de mudanças de contextos profundas, que vão demandar um novo comportamento.

No caso do casamento, significa passar do contexto de solteiro para o de casado. Antes se vivia para si mesmo, depois se passa a viver para um matrimônio. Então, depois que se casa é possível manter o comportamento de solteiro? Claramente que não. Mas, é necessário abandonar todos os seus comportamentos de solteiro? Também não. O necessário é manter os comportamentos coerentes com a identidade de casado e abandonar os incoerentes.

Da mesma forma, ao se ter um filho também há mudança de contexto. Antes, havia um casal sem filhos, agora são um marido e uma esposa que passam a ser também pai e mãe. E com a mudança desse contexto, também mudam as demandas que esse casal passará a ter em seu dia a dia.

Portanto, não é possível exercer uma identidade, seja ela qual for, se ela não foi absorvida a fundo. É o caso do conhecido jargão "católico não praticante". Ora, "ser católico" é uma identidade, afinal, identidade é tudo aquilo que eu sou. Então, ao dizer "sou católico", espera-se um determinado tipo de conduta desta pessoa, um padrão de pensamento e uma filosofia de vida.

Mas, talvez esta pessoa tenha apenas sido batizada na igreja católica quando criança e, hoje, sequer vá às missas de domingo. Será, então, que se trata realmente de um católico? Ou seja, é impossível ser algo que não se pratica. Não dá para ser um católico não praticante, um atleta não praticante ou, ainda, um líder não praticante. É impossível se alcançar plenitude em uma identidade sem mergulhar a fundo nela.

ESTEREÓTIPOS, INCOERÊNCIAS E CONFLITOS DE IDENTIDADE

É muito comum olhar uma identidade de fora e se atentar apenas aos estereótipos dela. Por exemplo, o estereótipo de um artista, é muito fácil olhar para ele e pensar "que vida maravilhosa leva o artista", achando que ele só faz o que gosta e lhe dá prazer. Mas essa é

CAPÍTULO 1

uma perspectiva muito reduzida, pois quando vamos a fundo com um artista, veremos que, sim, ele faz o lado prazeroso de seu trabalho durante parte do tempo, mas na outra parte também faz o que é necessário fazer.

É o caso de um artista de carnaval da Bahia, que precisa tocar a mesma música muitas vezes durante uma turnê, porque os grandes *hits* tocam várias vezes na mesma noite. Será que esse artista toca uma mesma música vinte e oito vezes por puro prazer? Será que ele estava entusiasmado para subir ao palco em todas as noites?

Isso significa que, ao pensar em identidade, é preciso avaliar o seguinte: ser artista implica ter cabeça de artista, comportamento de artista e capacidades de artista. E aí nos deparamos com as incoerências, encontrando, por exemplo, pessoas querendo ser artistas, mas que dão chiliques quando veem um paparazzi. Isso é incoerente, pois se você deseja ser artista, o paparazzi faz parte do pacote.

Da mesma forma, quando alguém vira líder, deve cobrir todo o espectro da função de liderança. Não dá para querer apenas o bônus, mas não o ônus; ou viver apenas o glamour da função, sem viver os bastidores.

Isso é muito comum de ser visto quando encontramos líderes que não desejam ser cobrados pelos problemas e resultados gerados pela sua equipe; ou não querem ser acessados para resolver determinados pleitos e demandas após sua jornada de trabalho; ou que simplesmente não gostam de pessoas.

Outro paradigma é o do líder que demora a "trocar de chapéu". Pois, quando era um especialista, ele tinha de cuidar apenas do "quadrado dele" e, ao se tornar um líder, passa a ter de cuidar de vários "quadrados" e a não ter o dele próprio. É o caso de um soldado que vira capitão, mas passa um ano sendo capitão e fazendo papel de soldado, e até se vangloriando por fazer bem o papel de soldado porque, no fundo, ainda não vestiu sua nova identidade.

Portanto, é preciso entender o significado de ser o que queremos ser, senão, você fará uma coisa querendo ser outra e viverá em um conflito ou, ainda, viverá no modo "não praticante". Então, se você deseja ser líder, é preciso ir a fundo no que significa "ter a identidade de líder".

Porém, é verdade também que não temos apenas uma identidade. Uma mesma pessoa pode ser presidente de uma empresa, palestrante, pai e membro em uma causa voluntária, e cada um desses contextos irá exigir uma identidade diferente dessa pessoa. A questão é que essas identidades podem conflitar.

Por exemplo, não conheço uma mãe que seja executiva e nunca tenha tido uma crise existencial, porque "mãe" e "executiva" são identidades inevitavelmente conflitantes. A executiva trabalha muito, sai cedo e chega tarde, leva trabalho para casa, é mais estressada. Já a mãe precisa ter tempo

CAPÍTULO 1

para ficar em casa, cuidar do filho, ajudar na lição de casa. Assim, em algum momento a executiva vai ficar frustrada com sua outra identidade, porque vai se achar uma péssima mãe; assim como a mãe poderá se frustrar com a identidade de executiva, porque gostaria de fazer mais pela sua carreira, em vez de estar em casa.

Acontece que, ao colocar duas identidades poderosas como essas para brigarem, não haverá ganhadora. Então, é preciso colocar suas identidades para convergirem. E isso só será possível tendo aprendizado de método.

Afinal, durante vinte e quatro horas não se pode ter comportamento de uma só identidade o tempo inteiro. Muitos casamentos acabam, por exemplo, porque a esposa, ao se tornar mãe, passa a ter comportamento de mãe o tempo todo e se esquece de ser esposa.

Apesar disso, existem momentos da vida em que as pessoas têm uma demanda mais contundente por determinada identidade. É a situação de se tornar líder pela primeira vez. Por ser uma primeira experiência, provavelmente essa identidade irá demandar bastante, vai exigir que a pessoa dê um pouco mais de si, deixando, às vezes, outras identidades de lado.

Por isso, é importante criar método, pois é normal ter de aprender a lidar com uma identidade nova. Por meio do método criado, a pessoa poderá aprender novas maneiras de lidar com os desafios das identidades. Do contrário, ficará

O LÍDER 3D

"manca" o tempo todo, cuidando apenas de uma identidade e deixando as demais de lado.

Esse gerenciamento de identidades, no entanto, envolve alguns sacrifícios. E, às vezes, ao lidar com os sacríficos de uma identidade, pode até acontecer do líder sentir pena de si mesmo. Porém, se você escolheu isso e decidiu assumir essa identidade, terá de estar preparado para pagar o preço.

Quando falamos de pagar o preço de uma identidade, encontramos um celeiro de bons exemplos no esporte. Um deles é o de Cesar Cielo, campeão olímpico, bicampeão mundial e recordista mundial dos 50m e 100m livres em piscina olímpica. Ao olhar um campeão como ele, é possível achar sua vida maravilhosa, com conquistas invejáveis.

Contudo, o que pouca gente vê é o fato de Cielo ter se preparado para as Olimpíadas de 2008, em Pequim, acordando às 4h30 para treinar, em Auburn, com o técnico Brett Hawke. Seu treino era simbólico e duro, nadar 365 piscinas, uma para cada dia do calendário*.

Ou seja, sem ter uma visão pela perspectiva do atleta, não levaremos em conta seus treinos, estilo de vida, dietas e nem o fato

---

* Em Pequim (2008), Cesar Cielo deu trinta e quatro braçadas, não respirou nenhuma vez e ganhou a primeira medalha de ouro olímpica da história da natação brasileira vencendo os 50 metros livres, em 21s30. Um recorde olímpico!

CAPÍTULO 1

de ele estar treinando até em datas comemorativas, quando boa parte das pessoas está festejando. Será possível, então, querer ser um atleta sem pagar o preço da identidade de um atleta?

Do mesmo modo, não é possível para um líder não querer ter liderados, não querer ser acessado ou procurado quando as coisas vão mal ou, ainda, desejar ser unidimensional cuidando apenas do que lhe agrada, sendo um grande gestor de negócios, por exemplo, mas não cuidando do desenvolvimento dos indivíduos. Assim, se você não está disposto a pagar o preço de ser um líder, passe a sua braçadeira!

A verdade é que para ser um ponto fora da curva, estar acima da média e atingir um patamar de sucesso em determinada altura da vida, sempre haverá um preço, quer seja você um atleta, executivo ou um religioso*. E com o líder não é diferente!

Então, se a partir de agora você está na cadeira de liderar, o que se espera de alguém que está no comando? Que comande. O que se espera de alguém que está na liderança? Que lidere. A pergunta é: você está disposto a pagar o preço da identidade de liderança?

Nesse sentido, é preciso saber que um líder, invariavelmente, necessita lidar com as demandas de seu dia a dia, e há contextos que demandam mais. Por isso, quaisquer

---

* Quais pessoas inspiram você a pagar o preço? Qual é a sua referência quando o assunto é estar acima da média? Registre, aqui, um exemplo em sua nota de rodapé:

outras identidades tomadoras de tempo poderão ofender sua capacidade de liderar, e é provável que haja bastante problema para um líder resolver o que fazer com qualquer uma dessas atividades tomadoras de tempo.

Então, para refletir sobre as suas identidades, quais são elas, e como divide, hoje, o seu tempo entre as suas demandas, convido você a ir para a sua Jornada do Líder, ao final do livro, e fazer o seu primeiro exercício, disponível na página 241. Afinal, conte para mim, quem é você? Quais são as suas identidades?

ESSÊNCIA, MISSÃO E PROPÓSITO DA LIDERANÇA

Com o exercício realizado, deve ter ficado claro para você como é possível se dividir entre diferentes identidades ao longo de uma semana.

Então, a essa altura, provavelmente você já deve ter internalizado um pouco mais qual é o real significado de liderar. Ao abrir essa discussão com a questão da identidade, procuro neste livro, assim como em minhas palestras e consultorias, incentivar você a encarar a liderança como algo que faz parte da sua essência, indo além de lhe apresentar simples definições sobre o assunto.

Afinal, já há muitas definições para liderança por aí. O interessante é que grande parte delas passa pela capacidade de

CAPÍTULO 1

influência. Como exemplo, uma das minhas preferidas, temos a de John Maxwell: "Liderança é influência. Nada mais, nada menos". Há também a de Ken Blanchard, bem categórica: "O que é liderança? É um processo de influenciar".

Mas acredito que nenhuma outra definição técnica ou humana possa definir de forma tão simples e claramente a liderança como definiu Max De Pree: "Liderança é interferir seriamente na vida de outras pessoas". Essa definição nos permite refletir sobre a grande responsabilidade que é liderar, pois entenda por "interferir seriamente" como a possibilidade de promover mudanças positivas ou negativas, dependendo de sua atuação. E isso é muito sério.

Se alguém é alçado a uma posição de liderança que tem um raio de impacto muito amplo, mas não sabe disso, pode destruir vidas, famílias e empresas. Assim como se esse líder entender que tal área está dentro de seu espectro de liderança, poderá transformar vidas.

Uma forma pela qual vemos isso claramente: o simples contato com alguém na posição de liderança, que pode mudar o mundo de uma pessoa. Pois existem pessoas de muito talento e potencial em todos os lugares do mundo, porém, por uma questão de contexto, não estão no lugar certo e na hora certa, não têm uma educação privilegiada e não possuem um raio social ou familiar adequado.

O LÍDER 3D

No entanto, isso não é um destino. Alguém que não cresceu em um meio favorável não está fadado ao fracasso, pois pode ser que, em algum momento, o contato dessa pessoa com um líder consciente seja o suficiente para mudar todo o seu mundo. É o que acontece, por exemplo, em programas de jovem aprendiz ou de estágio. Todo líder, então, deveria fazer essa reflexão até perceber quão importante é seu papel e o grande impacto que pode causar na vida de muitas pessoas.

Uma história que repercutiu no mundo e ilustra perfeitamente quão sério é o impacto de uma liderança é a do capitão Francesco Schettino, que abandonou o navio Costa Concordia em 2012, quando, após uma manobra arriscada, o navio de 114.500 toneladas, do tamanho de três campos de futebol, colidiu ao se aproximar da ilha italiana de Giglio, na Toscana. O líder, na ocasião, responsável por toda uma tripulação, abandonou o navio com seus liderados, dos quais trinta e dois morreram[*].

Assim, apesar das "boas intenções", muitos profissionais chamados "líderes" pecam de forma significativa nesse

---
[*] O acidente do navio da Costa Concordia aconteceu em 13 de janeiro de 2012. Em 28 de abril de 2016, Schettino, que foi condenado a dezesseis anos de prisão, teve seu julgamento iniciado na Itália por homicídio culposo múltiplo, pelo naufrágio e abandono do navio. O caso chamou atenção, principalmente, pelo momento em que o capitão da Guarda Costeira, Gregorio De Falco, ordena furiosamente que Schettino retorne ao cruzeiro para supervisionar as operações de resgate, com a frase: "Vada a bordo, cazzo!".

CAPÍTULO 1

aspecto. Então, qual seria a missão de um líder dentro deste contexto? Posso afirmar que a missão de um líder é, com base nas expectativas do negócio, engajar e conduzir as pessoas por um caminho de forte apoio ao seu desenvolvimento.

Essa definição é importante porque nela podemos ver claramente a interdependência entre as três dimensões da Liderança 3D, eixo central deste livro: a de gestão de negócios, de pessoas e de desenvolvimento, nas quais nos aprofundaremos nos próximos capítulos.

Mas uma missão, assim como em muitas empresas, pode virar apenas algo para ser decorado ou dar direção em tarefas a cumprir, e isso, de verdade, somente conduz a padrões básicos de desempenho. Por isso, quando evoluímos no entendimento acerca de uma missão, quando ela passa a fazer sentido em nossa vida, começa a se tornar um propósito e ganha uma força tremenda.

Tornando-se, assim, nosso motivo de alegria em acordar todos os dias para cumprir essa missão e interferir positivamente na vida de muitas pessoas. Passamos, então, a viver uma vida profissional com sentido verdadeiro, alegrando-nos pelas pequenas e grandes contribuições que damos a cada uma dessas pessoas.

Portanto, quando passamos a exercer a liderança com propósito, ampliamos a nossa capacidade de influência, pois ganha evidência, em nosso comportamento, uma série de atributos que fortalecem essa habilidade, como o entusiasmo, o real interesse pelas pessoas, o compromisso com o negócio e a solidariedade individual e coletiva.

Enfim, quando temos brilho nos olhos, aumentamos nossa capacidade de colocar brilho nos olhos de nossos liderados. Você quer saber se sua influência está exercendo efeito positivo? Se conseguir ver o brilho nos olhos de seus liderados, você terá essa certeza.

FONTES DE INFLUÊNCIA

Ao afirmar que podemos ampliar nossa capacidade de influência ao tomar o exercício de liderança como um propósito, é importante dizer que existem inúmeras fontes de onde provém a influência utilizada por profissionais que exercem comando ou liderança.

Afinal, o líder não é um executor ou especialista, é alguém que produz e entrega resultados através de um grupo. Para isso, ele precisa fazer que esse grupo performe e entregue, porém existe uma força gravitacional da média, da mediocridade, a qual um líder precisa vencer se quiser alavancar e edificar pessoas. E uma das principais alavancas para fazê-lo é a influência, que é diferente de comando.

Ora, posso levar um cavalo até a água, mas não posso obrigá-lo a beber. Então, o líder precisa se tornar um

CAPÍTULO 1

influenciador, porque se ele está na posição de liderança, não conseguirá produzir o resultado esperado dele se um grupo não quiser fazer seu trabalho.

Isso porque não é mais aceitável exercer "comando" através de métodos antigos em um ambiente onde se requer maior compromisso dos liderados, considerando-se que, na era do conhecimento, as pessoas estão cada vez mais conscientes de seu papel social e já não aceitam mais abordagens que não confiram congruência racional e emocional com respeito aos seus princípios e valores.

O desafio do líder, então, é o de desenvolver, com foco no negócio, um ambiente altamente propício ao desenvolvimento de seus liderados, pois somente dessa forma alcançará os objetivos empresariais. Nesse sentido, um grupo precisa estar engajado para estar mobilizado e, para isso, precisamos de influência.

Mas, de onde vem a influência? Uma de suas fontes é a pessoal, que consiste na força interior do líder, vem de sua personalidade, de seu carisma, de suas crenças e convicções. Neste caso, é de natureza motivacional para o líder influenciar, pois ele está fazendo isso o tempo inteiro, então será um influenciador porque gosta e quer influenciar, faz parte do seu jeito de ser.

Por outro lado, se o líder é alguém que goza de um nível de relacionamento privilegiado em alguma situação, também tenderá a ter mais influência. Por isso, o relacionamento é outra fonte de influência, consiste na capacidade de se relacionar e estabelecer vínculos.

Entretanto, um líder pode influenciar simplesmente por estar em uma posição maior que a de seus liderados. Sendo assim, a posição também é uma fonte de influência, pois dá ao líder a condição e legitimação de uma patente para influenciar.

Nesse ponto, ao pensarmos em posição, trata-se de uma fonte de influência que não deveria ser tão relevante, pois a fonte de poder do líder deveria ser mais pessoal do que posicional. Por exemplo, se um importante diretor de uma grande empresa é demitido, seu poder se mantém? Se não se mantiver, o poder não é pessoal, é apenas posicional, e isso é um grande pecado dos líderes, escorar-se apenas em poder posicional e não fazer o papel de líder.

Se pudermos, ainda, elencar uma quarta fonte de influência, o conhecimento fará de um líder um bom influenciador se ele tiver muito conhecimento em determinado assunto. No caso de um incêndio, vamos seguir, claro, o conselho de um bombeiro, ele vai nos influenciar por ser um especialista dotado de conhecimento. Assim, influenciar por conhecimento se concentra em bagagem profissional, experiências, treinamentos e especializações.

Por fim, há o exemplo como mais uma fonte de influência, que vem da performance do líder no trabalho, a forma

CAPÍTULO 1

como desempenha suas tarefas. Trata-se da questão de endossar algo e pode ser um problema se houver um exemplo muito incoerente, como o caso, imagine, de um *personal trainer* gordo. Assim, o exemplo funciona muito mais como um construtor de elementos detratores de identidade.

Dentre essas cinco fontes de influência, algumas exercem predomínio sobre as outras, dependendo do estilo do líder ou das características do ambiente ou do negócio. Por isso, o líder precisa ter entendimento e domínio para buscar, com sabedoria, a melhor fonte de influência de acordo com a necessidade específica de um liderado, da equipe ou mesmo de uma situação em questão.

Para isso, o líder precisa entender o motivo pelo qual exerce a liderança na sua equipe, ou seja, de onde vem a sua influência.

Vá, agora, até o exercício 2, na página 244, da sua Jornada do Líder e faça uma autoavaliação. Depois, escolha três pessoas da equipe para questionar como eles reconhecem a sua influência. Esses parâmetros são importantes para entender o que você já realiza e onde pode se aprofundar.

Analisando os resultados do exercício, é importante entender a diferença entre comando e influência, entre chefe e líder. Para que você tenha claramente esse entendimento, estude o quadro abaixo e note como os aspectos entre chefe e líder mudam radicalmente.

O LÍDER 3D

ASPECTO	CHEFE	LÍDER
Poder/Autoridade	Comandante	Líder/Facilitador
Postura	Burocrata	Empreendedor
Responsabilidade	Responsável pelo Setor	Resp. Compartilhada
Foco de Ação	Voltado para o Superior	Voltada para o liderado
Tomada de Decisão	É o que decide	Facilita a decisão
Comunicação	Centralizador	Disseminador
Negociação	Ganha-perde	Ganha-ganha
Delegação	Centraliza	Delega
Informação	Recebe Informações	Transforma em conhecimento
Substituto	Visto como ameaça	Forma seu substituto

Tabela 1: aspectos que diferenciam chefe de um líder.

AGENTE TRANSFORMADOR

E então, o que você exerce sobre seus liderados é comando ou influência? Seu papel tem sido o de chefe ou de líder? O objetivo deste livro é ajudar você a desenvolver habilidades de liderança dentro de três dimensões justamente para abandonar de vez pequenos comportamentos de chefe e assumir um papel de verdadeiro agente transformador de equipes, pessoas e negócios.

Assim, vale usar, aqui, alguns comportamentos assumidos por líderes conscientes de seu papel:

CAPÍTULO 1

- Desafiam processos, tomam iniciativas, inovam sempre em busca de melhor performance e fertilizam o ambiente para novas ideias;
- Inspiram uma visão compartilhada, favorecem uma visão clara, dão vida aos sonhos e sentido às contribuições. Estimulam o senso de propósito;
- Permitem que os outros ajam, não alcançam o sucesso sozinhos;
- Moldam o caminho, praticando o que pregam e servindo de exemplo;
- Incentivam e elevam a moral da equipe, reconhecendo as realizações de cada um de seus colaboradores.

Muitos desses comportamentos podem levar você a um novo patamar no exercício da liderança e, como imediata consequência, irá ampliar muito sua contribuição com as pessoas e com o negócio.

Entretanto, há comportamentos inerentes ao estilo próprio de cada líder que devem ser levados em conta. Alguns deles focam no prisma das relações, outros na abordagem de gestão e produtividade, e outros, ainda, no desenvolvimento das pessoas. No entanto, há uma carência da visão holística e da conexão ampla entre essas dimensões, e é essa visão que quero despertar em você nesta jornada de transformação.

O LÍDER 3D

ESTRUTURA ORGANIZACIONAL

	ANTES	DEPOIS
DIREÇÃO	Pensava	Todos ajudam a pensar e assumem responsabilidades por suas funções.
GERÊNCIA	Cobrava	
PRODUÇÃO	Executava	

Tabela 2: o perfil do líder moderno.

Ainda sobre o estilo pessoal de liderança de cada um, é importante entender que o seu perfil terá de se adequar à dinâmica moderna das estruturas organizacionais, como podemos ver na tabela acima, em que todos ajudam a pensar e assumem responsabilidades por suas funções.

Além disso, é preciso lembrar que o principal *stakeholder* de um líder é o seu liderado. Então, o desafio do líder, nesse sentido, é tentar equalizar a sua abordagem ao estilo do seu *stakeholder*, pois ao pensarmos no estilo de liderança, deveríamos pensar sempre no estilo do liderado, seja qual for a situação.

No entanto, existe a armadilha de personificar demais o arquétipo do líder. Seja em palestras ou em livros, personifica-se muito o estilo do líder fazendo dele um herói, que tudo faz e tudo vê, quando no fundo isso é grosseiramente incompatível com a realidade.

CAPÍTULO 1

Afinal, não é possível exigir que todo líder seja influente ou extrovertido, simplesmente porque pode não fazer parte da natureza daquela pessoa. Pense, por exemplo, no estilo de liderança de alguém como Bill Gates.

Por isso, o segredo está em alinhar estilo ao estilo. Ou seja, o estilo do líder precisa considerar o estilo de seus *stakeholders*, seu contexto e quais são as necessidades de sua audiência. Se esses liderados precisam de um estilo mais diretivo, o líder precisará ser mais diretivo; mas se eles precisam de um estilo mais participativo, o líder precisará ser mais participativo. Ou seja, ele terá sempre que "atualizar o seu software".

Desse modo, o líder não deveria também perder a essência do seu estilo, porém com o devido cuidado, para não se cristalizar apenas em torno dele mesmo e ficar tentando plugar todas as pessoas ao estilo dele.

Este é o grande desafio de um líder, entender que ele sempre terá uma audiência diferente, em um contexto diferente, com necessidades diferentes, e que ele será um maestro se conseguir adequar seu estilo ao estilo em questão.

ASSUMA SUA IDENTIDADE!

Até aqui, você já deve ter percebido que entender profundamente o significado de liderar e conhecer a si mesmo são pontos essenciais no processo de transformação de um líder. Como afirma Warren Bennis*, "se me dissessem: você tem noventa segundos para explicar o que é mais importante para a liderança, eu responderia autoconhecimento e consciência".

Por isso, iniciei este capítulo abordando a fundo a questão da identidade, pois o seu alinhamento é o eixo central ao se assumir a identidade de líder. A questão é que, agora, você está na cadeira de liderança, e isso implica uma nova identidade em um novo contexto.

Essa mudança pode acontecer tanto com um líder de primeira viagem como com um CEO. Por exemplo, se antes de assumir sua nova posição, esse líder era vendedor, suas atividades envolviam vender, fazer apresentações, colocar a mão na massa, agora, terá de liderar uma equipe e não mais vender. O que acontece com frequência, no entanto, é o líder continuar sendo vendedor por um tempo.

Do mesmo modo, costumo dizer que leva cerca de três anos para um CEO preencher o tamanho de sua cadeira, porque antes, como diretor, ele dava direção enquanto especialista em um negócio qualquer, e aí passa a ter toda a fábrica, finanças e uma porção de diretores abaixo dele.

---

* Warren Bennis é psicólogo, conhecido professor de gestão na University of Southern California, e foi conselheiro de quatro presidentes americanos.

CAPÍTULO 1

Ou seja, existe uma curva de aprendizado nesse processo de mudança e é preciso entender que quando há mudança de contexto, automaticamente há necessidade de mudança de identidade, o jogo é diferente e as regras passam a ser outras.

Por isso, fique atento à mudança que o seu cargo de liderança trouxe. Primeiramente, identifique o seu contexto atual. O que você é agora? Qual é o seu novo contexto?

Depois, conecte-se a esse novo contexto para ser possível provocar mudanças em si. Lembre-se, você mudou de contexto, a identidade é outra, mudaram as expectativas de todos os seus *stakeholders*, e você precisará se adequar. Por último, idealize o contexto desejado. O alinhamento, então, está entre o seu contexto e a sua identidade.

Esse processo de alinhamento é constituído de papéis, responsabilidades e atribuições, que fazem parte de toda identidade. Por exemplo, todo pai tem o papel de educador, amigo e mentor. E em um de seus papéis, o de educador, ele tem como responsabilidade dar limites e provocar o desenvolvimento de seu filho. E, nesse papel de educador, sua atribuição é acompanhar seu filho na escola e ajudá-lo nas tarefas. Ou seja, a identidade de pai tem seus próprios papéis, suas responsabilidades e atribuições.

Da mesma forma, a sua identidade de líder, seja ela nova ou não, também é constituída de determinados papéis, responsabilidades e atribuições. Quais são eles? Vá, agora, para a sua Jornada do Líder, na página 246, e faça os exercícios 3 e 4, onde você descreverá qual é, hoje, o seu contexto atual e qual é o seu contexto desejado; e, então, poderá elencar quais são seus papéis nesse contexto, quais responsabilidades eles abarcam e, junto a isso, quais atribuições você possui.

Mude seus comportamentos

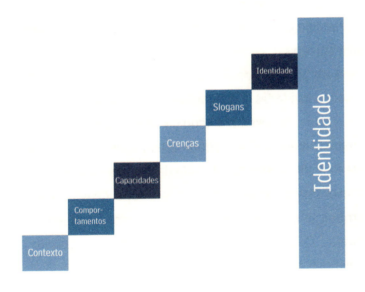

Imagem 1: ilustração do processo de alinhamento de identidade.

CAPÍTULO 1

Após ter refletido sobre os seus contextos atual e desejado no exercício, observe a imagem anterior. Ela mostra o processo de alinhamento pelo qual passa um líder ao assumir sua nova identidade. Após identificar o seu contexto, é preciso avaliar quais comportamentos não são mais compatíveis com a posição atual.

Nesse sentido, é necessário ter um comportamento compatível com a nova identidade. Quais comportamentos, então, você deveria abandonar ou adquirir*? Pense que, às vezes, precisamos jogar algumas roupas fora para poder colocar novas peças em nossos guarda-roupas. Com comportamentos, acontece a mesma dinâmica.

Seguindo no processo de alinhamento proposto, acontece que os comportamentos são suportados pelas capacidades. Note que, geralmente, a ausência de um comportamento adequado é por conta de uma capacidade ainda não adquirida.

Assim, é essencial ter determinadas capacidades para manter determinados comportamentos. Por exemplo, dizer "não" é um desafio para o brasileiro médio, pois, culturalmente, não temos tendência a um perfil assertivo; ou se trata de alguém mais agressivo ou mais passivo.

---
* Que tal fazer um inventário de comportamentos? Nesta nota de rodapé, pense em quais comportamentos você deveria abandonar imediatamente e em quais deveria adquirir. Dica: procure usar verbos no infinitivo para elencar seus comportamentos. Por exemplo: dar *feedback* com maior frequência.

O LÍDER 3D

No entanto, dizer "não" é um comportamento de líder, porque em alguns momentos será preciso dizer "não". E, para isso, uma de suas capacidades necessárias será a assertividade, afinal, se um líder não for assertivo, não saberá dizer "não".

Dentre outras capacidades indispensáveis a um líder, estão, por exemplo, mostrar resiliência, ouvir com atenção, dar *feedback*, ser flexível, intermediar interesses, gerar engajamento, gerir conflitos e tomar decisões[*].

As capacidades, por sua vez, derivam das crenças de uma pessoa. E esse é um ponto desafiador, pois o ser humano é como uma cebola, cheio de camadas. Nas partes mais aparentes estão os nossos comportamentos, mas lá no fundo estão as camadas mais profundas de nossa psique, com as crenças que nos foram enxertadas em momentos específicos da vida, as quais, inclusive, sequer sabemos exatamente quais são, pois não temos tal consciência.

Então, se lá no passado uma pessoa teve pais, professores, líderes religiosos ou mesmo figuras de autoridade, como o primeiro chefe, que funcionavam no modelo "manda quem pode, obedece quem tem juízo", talvez ela tenha aprendido que tenha de ser assim, e isso é hoje a sua crença.

---

[*] Abraham Lincoln diz que "a maior habilidade de um líder é desenvolver habilidades extraordinárias em pessoas comuns". Esta nota de rodapé é para você registrar, então, quais capacidades acredita lhe serem indispensáveis, hoje, como líder.

CAPÍTULO 1

Da mesma forma, se um líder tem a crença de que todo mundo já deveria saber, ele não irá ensinar; ou se ele tem a crença de que as pessoas magoam quando recebem *feedback*, provavelmente não irá dar *feedback*; ou, ainda, se sua crença é a de que as pessoas só funcionam na porrada, certamente irá dar mais porrada.

É importante entender isso para sermos capazes de identificar quais são as crenças que nos acompanham. Além de terem sido nos enxertadas por meio da família e outras pessoas de nossa convivência, nós adquirimos as crenças pelos chamados "momentos emocionais significativos", que são situações pelas quais passamos e nos causam uma lembrança positiva ou um trauma.

Nesse sentido, há basicamente dois grandes grupos de crenças, as possibilitadoras e as limitadoras. O que o líder precisa entender é que, ao mudar o contexto, muda todo o restante, e com as crenças não é diferente. Então, quais são as crenças que lhe possibilitam ou limitam a ser um líder*?

Por fim, acima das crenças estão os *slogans*, que consistem, basicamente, nas falas ditas por um líder, as famosas "frases de efeito". É importante notar que o padrão de linguagem de alguém dá fortes sinais de suas crenças.

---
* Quanto mais sabemos sobre as crenças de uma pessoa, mais podemos entender/prever seus comportamentos. Nesta nota de rodapé, meu convite para você é fazer o seu inventário de crenças como líder. Pense e registre aqui: quais são as crenças que me alavancam como líder e quais são as que me sabotam?

O LÍDER 3D

Por isso, todo *slogan* tem o objetivo de comunicar um significado, dentro de três principais tipos: de propaganda, que vende uma imagem sobre algum serviço ou produto, como "se é Bayer, é bom"; os *slogans* familiares, que são os ditados populares, como "diga-me com quem andas e eu te direi quem és"; e finalmente os corporativos, que são as frases sobre a organização que são ditas pelos seus próprios corredores.

Assim, por meio desses *slogans* acabamos absorvendo crenças inconscientemente, por osmose. Se uma pessoa viveu, por exemplo, em uma família em que se dizia "Deus ajuda a quem cedo madruga" ou "água mole em pedra dura, tanto bate até que fura", pode ser que ela tenha aprendido coisas importantes como persistir, produzir ou trabalhar duro. Por outro lado, se ela costumava ouvir "manda quem pode, obedece quem tem juízo", talvez tenha aprendido que se alguém é liderado, terá de ser servo, e se é um líder, será rei.

Igualmente, as frases, geralmente de cunho sarcástico, criadas dentro do ambiente corporativo normalmente podem fazer valer uma crença sobre a empresa, como "aqui é igual à Band News, em vinte minutos tudo pode mudar*".

---

* Todo líder deveria passar a se escutar mais. Nesta nota, pare e pense: quais são os *slogans* que percorrem os corredores da sua empresa? Qual é o impacto que eles causam? Registre alguns deles aqui.

CAPÍTULO 1

Por isso, um líder deveria tomar cuidado com suas falas, pois elas têm muito impacto. Ou seja, um líder deveria falar aquilo que se espera como a fala de um líder. E essa é uma das áreas de maior negligência para o líder brasileiro, pois ele não costuma ter filtro entre cérebro e boca ou entre coração e boca.

Essa negligência com a fala deveria incentivar o líder a não produzir matéria contra si mesmo e a pensar, antes de falar: "O que vou dizer faz sentido? Qual será o impacto? Como isso será interpretado? Quais são os riscos?". Lembre-se, um CEO fala como um CEO, um gerente fala como um gerente, e um diretor fala como um diretor.

Sendo assim, quando todos esses níveis estão alinhados ao contexto e à identidade, temos melhores resultados, maior satisfação e produtividade, com menor sofrimento, frente a uma consciência e a um autoconhecimento mais profundos.

Chegamos, assim, ao último nível deste alinhamento, a comunidade, que diz respeito ao grupo formado por pessoas com uma mesma identidade. Pois o líder precisa entender que, para alcançar minimamente a sua média desejada, precisará montar, em algum momento, um círculo social de pessoas que gozem dessa mesma identidade. Afinal, é muito pouco provável que alguém se torne um bom líder mantendo convívio apenas com "não líderes", porque "não líderes" se comportam como "não líderes".

Nesse sentido, se nos estudos dizem que somos a média das cinco pessoas com quem mais convivemos, costumo dizer que se você convive com dois idiotas, provavelmente você é o terceiro idiota. Bem como se você convive com duas pessoas de sucesso, é provável que você seja a terceira pessoa de sucesso.

Portanto, todo líder deveria ter a sua comunidade, para que ele influencie e seja influenciado por ela. Nessa categoria está o que chamamos de mentores, os grandes expoentes detentores da mesma identidade do líder.

Para isso, é possível recorrer ao conhecimento desses mentores ou ser um estudioso de seu comportamento, de modo que o líder possa, em momentos difíceis nos quais não se sinta totalmente capacitado ou seguro, pensar como a sua referência lidaria com a situação. A ideia é que o líder tenha boas referências em sua identidade, afinal, quem você segue dá pistas a respeito de seus interesses[*]. Você está preparado?

Então, você está pronto para assumir, de fato, a sua identidade? Conseguiu se aprofundar no autoconhecimento e na consciência necessários para o real significado de ser líder?

---

[*] Diga-me quem tu segues, e eu direi aonde irás chegar. Se você precisasse se consultar, hoje, com alguém para falar sobre liderança, a quem recorreria? Note, por exemplo, que não faz sentido as pessoas se consultarem com um padre para falar sobre casamentos. Do mesmo modo, com quem você se consultaria para falar sobre liderança? Registre em suas anotações, pelo menos três pessoas.

CAPÍTULO 1

Lembre-se que existem três níveis de mudança: o remediativo, quando se mudam apenas os comportamentos; o regenerativo, quando se mudam as capacidades e crenças; e finalmente o de identidade, quando você passa a ser algo, torna-se aquilo.

Em quais desses níveis de mudança você quer jogar como líder? Que tal começar assumindo sua identidade a partir de agora, por meio de suas redes sociais?

Se você está disposto a realizar uma mudança no nível de identidade e quer fazer desta leitura um processo de profunda transformação, convido você a assumir sua identidade de líder por meio do mergulho profundo no método da Liderança Tridimensional.

CAIU A FICHA?

O travesseiro é pedagógico. Lembre-se de levar para lá algumas das suas reflexões profundas, e ele poderá ajudá-lo a encontrar a resposta.

Registre, aqui, as fichas que caíram para você durante este capítulo.

CONVIDADOS ESPECIAIS

Josiel de Souza Florenzano
Gerente Geral da Lundbeck Brasil e Cone Sul, com mais de 25 anos de experiência na área de gestão no segmento Farma.

"Contrate devagar e demita rápido", essa foi uma das frases de Scher Soares que mais me marcaram, ao longo dos nossos vários encontros profissionais e pessoais, justamente porque eu pude ver, na prática, como se tratava de uma verdade inevitável.

Ao lidar com os times de vendas com os quais já trabalhei, percebi que um grande erro do gestor era demorar para demitir um representante de vendas. Ora, muitas vezes, mesmo que você invista nas pessoas, pode ser que elas não cheguem aonde você deseja, e eu já tive gestores que demoravam cerca de dois anos para tomar a decisão de cortar profissionais assim, o que fazia todo um investimento da empresa ser em vão.

Quando se trata de liderança de vendas, tem que ser assim, decisões rápidas e práticas, tudo "mão na massa", e, por vezes, ao assumir a posição de liderança em algumas empresas, notava que os treinamentos e direcionamentos acabavam sendo meramente conceituais. Por isso, cheguei até Scher Soares, há mais de dez anos, quando estava procurando uma consultoria que fosse mais próxima da realidade do meu time de vendas e dos meus gestores, a fim de trazer resultados realmente palpáveis.

Ao conviver com ele por muitos anos, entre idas e vindas de uma empresa para outra, fui o conhecendo além do consultor, notando sua conduta como pessoa. Pude, então, perceber que aquela figura forte do Scher se fazia verdadeira também no pessoal, e o que mais me chamava atenção nesse sentido era a sua disciplina. Em 24 horas, ele conseguia tempo para absolutamente tudo – lidar com sua carga de trabalho, comer saudavelmente, fazer academia, cuidar da família –, o que era muito bom, pois ele se tornava uma referência para as pessoas ao seu redor.

Essa referência transpunha o lado pessoal e chegava até os *feedbacks* positivos que tínhamos do pessoal de vendas, após aplicarmos o Líder 3D na empresa. Certamente, a parte de times era o âmbito que mais se destacava dentre todas as melhorias que colhíamos, com resultados satisfatórios no campo por parte dos líderes. Assim, nós conseguíamos aquilo que Scher tanto lutava para fazer por onde passava: elevar a média.

E essa média só existe porque, na verdade, não é fácil ser um Líder 3D, sobretudo hoje em dia. Acredito que quem tiver duas das três dimensões do líder completo já superou um

CAPÍTULO 1

grande desafio, mas é possível se inspirar nas palavras de alguém que, creio eu, conseguiu alcançar essa perspectiva tridimensional, pois, além de ser muito querido por todos, eu pude ver que Scher colocava em prática com seu próprio time tudo aquilo que ensinava em seus treinamentos e palestras.

Infelizmente, eu não sabia que estava tendo uma conversa final com Scher, na última vez que nos encontramos em um aeroporto em São Paulo, duas semanas antes de ele nos deixar, mas fico feliz pelo fato de ter nos deixado este livro como legado, assim, outras pessoas poderão vivenciar, na prática, os ensinamentos que eu vi acontecer ao longo de tantos anos. Muitas frases dele me marcaram, e certamente marcarão você também, porém, mais marcante ainda será a mudança efetiva que você sentirá em sua vida. Esteja pronto para sair da média!

LIDERANÇA TRIDIMENSIONAL

2

MOSTRE-ME UM HOMEM PLENAMENTE SATISFEITO CONSIGO MESMO E MOSTRAREI A VOCÊ UM HOMEM FRACASSADO.

CAPÍTULO 2

Então, como está sendo para você conviver com a identidade de líder do primeiro capítulo para cá?

É importante lembrar que este livro tem o objetivo de levá-lo à prática da liderança por meio do método tridimensional. Porém, para incorporar esse método, é necessário que antes você tenha entendido profundamente o que implica ser um líder, de fato.

Por isso, a pergunta que eu convido você a se fazer no início deste capítulo é: o que eu já mudei na minha cabeça a partir do primeiro capítulo deste livro*?

Essa mudança para o aprendizado, neste caso o aprendizado da liderança, passa por algumas fases. A começar por quando nós não sabemos que não sabemos algo, temos a incompreensão inconsciente. Pode ser, por exemplo, que você tenha descoberto, ao se tornar um líder, que essa é uma função da qual você nem imaginava não ter domínio antes de passar a exercê-la.

Depois disso, quando entendemos não saber de algo, passamos à compreensão consciente, é quando temos que parar e prestar atenção para fazer. Mas, após aprendermos

---

* O filme *Mudança de Hábito* (1992) é uma boa inspiração quando o assunto é mudar algo em si. Pois é visível a mudança de postura da irmã (disfarçada) Mary Clarence, interpretada por Whoopi Goldberg, quando recebe a batuta para reger o coral de freiras e ouve da irmã superiora: "*Go ahead, sister!*". Naquele momento, acontece a mudança de contexto do personagem e a sua grande virada como líder.

e não precisarmos mais parar e pensar ao fazer algo, chegamos à compreensão inconsciente*.

Tal compreensão inconsciente, quando nós nem nos damos conta mais de que já sabemos de algo, acontece porque tendemos a automatizar as coisas. E com o exercício da liderança não é diferente. Contudo, o problema é quando automatizamos até mesmo as coisas ruins.

Sobre isso, costumo dizer em minhas palestras que existem três maneiras de se fazer as coisas: a certa, a errada e a sua. E a sua maneira de fazer as coisas pode ser boa, mas não é a única.

Entender isso é importante para não se tornar um líder limitador, querendo que todos façam as coisas apenas do seu jeito, desacostumando sua equipe a pensar e a tornando um grupo de pessoas acéfalas.

Portanto, que tal se abrir para um novo jeito de se exercer a liderança? Este método que você conhecerá agora surgiu justamente da observação e da convivência que tive ao longo do tempo com muitos executivos e líderes com grande histórico, mas que, ainda assim, patinavam em alguns temas relacionados à liderança com muita frequência.

---

* Quando foi o momento em que você tomou consciência da sua função como líder? Você se lembra dele? Deixe registrado aqui, nesta nota de rodapé, quando foi que você, assim como a personagem de Whoopi Goldberg no filme *Mudança de Hábito*, recebeu a batuta de líder. Será que, assim como ela, você também mudou sua postura a partir daquele momento?

CAPÍTULO 2

Isso me levou à seguinte questão: por que as pessoas têm tanta dificuldade de aprender a ser líder? E a resposta encontrada é porque, talvez, falte um método mais claro de ensino de liderança, e a Liderança Tridimensional tem esse propósito, quase uma presunção, que é se transformar em um método de liderança mais prático, mais efetivo, com capacidade de produzir resultados mais rápidos.

Afinal, é muito difícil explicar para alguém como é liderar, porque liderança é algo muito amplo. O líder, no fundo, tem um conjunto grande de variáveis dentro de suas atribuições e responsabilidades, então, quando ele começa a pensar em tudo que precisa fazer, depara-se com muita coisa nessa área de atuação.

E como organizar tudo isso? E se tivéssemos que dizer para alguém como é ser líder, o que ele faz e como deveria fazer?

Assim, a Liderança Tridimensional é uma estrutura de pensamento e de atuação que agrega em três grandes dimensões todas as atividades que um líder precisa cobrir; é um método facilmente compreensível e adaptável para qualquer pessoa, não importa qual seja o seu nível de liderança, seja supervisor de primeira linha ou CEO de uma empresa, ou qualquer que seja o seu nível de experiência e segmento de atuação, a intenção é estar apto a colocar todas as suas variáveis da função de líder dentro dessas três dimensões.

O LÍDER 3D

Dessa forma, o líder poderá perceber plenamente o que faz muito bem, o que faz bem, o que não faz bem e até o que não faz durante esse caminho de erros e acertos que é a liderança.

E, caminhando por esta via, certamente você já deve ter lidado com as dores trazidas pelo exercício da liderança. Costumo dizer que essas dores são pistas dos sintomas, afinal, a dor em si não é o problema, mas, sim, um sintoma, cuja causa precisa ser investigada.

Por exemplo, quando temos uma dor na coluna, trata-se de um sintoma de que há algo errado, seja por uma má postura ou pela utilização de algum equipamento no dia a dia. Da mesma forma, o exercício da liderança também causa algumas dores, as quais costumam ser sintomas.

Então, com frequência, ouço líderes se queixando de suas dores de diversas maneiras, como "já expliquei mais de mil vezes e minha equipe não faz" ou "já ensinei de todas as maneiras e minha equipe não aprende*". São essas dores que, comumente, estimulam os líderes a procurar um pouco mais de aprendizado a respeito da liderança.

---

* Lembre-se, as pessoas não fazem as coisas por três motivos: porque não sabem (você precisará as ensinar ou prover um caminho para que aprendam), porque não querem (um sintoma grave de falta de engajamento, então será preciso criar motivos para fazer, pois não enxergam a razão e não veem motivo naquilo) e porque não há controle (você terá de criar um processo ou mecanismo para dar *report* e fazer *follow-up*, a fim de se cobrar o que precisa de controle).

CAPÍTULO 2

Por outro lado, há o grupo de pessoas que acreditam ser a liderança algo nato ou apenas aprendido na prática, as quais, geralmente, não buscam tanto conhecimento. E, ainda, existe outro grupo constituído pelos que chamo de "colecionadores de conhecimento", pois eles buscam apenas o conhecimento, e não um método, mas, como já dissemos, habilidade é saber fazer, e a liderança evidentemente é um exercício de conhecimento, de habilidade e de atitude.

A questão é, não importa a qual grupo de pessoas você pertença, para todos os casos a Liderança Tridimensional ajuda a internalizar o exercício de liderar mais rapidamente.

SERÁ QUE EU PRECISO DE UM MÉTODO?

Se você ainda está se perguntando se um método para liderar poderá ajudá-lo, quero convidá-lo a pensar nas queixas mais comuns que você, provavelmente, deve ouvir de colegas também em exercício de liderança ou até já ter feito em algum momento.

Essas queixas, normalmente, são apresentadas como falta de comprometimento ou até falta de atitude, expressadas quando um líder sofre com a não conscientização de seu grupo de trabalho e reclama de precisar convencer as pessoas a fazer coisas que basicamente deveriam ser feitas.

O LÍDER 3D

Outro ponto é quando o grupo consome muita energia do líder, fazendo-o cobrar e supervisionar coisas que se esperaria serem feitas naturalmente pelas pessoas.

Nesse sentido, é curioso quando se avalia o que há disponível no mercado em relação a este tema por meio de livros, artigos e pesquisas, encontrando abordagens do tipo "chefe ruim adoece seus funcionários", "pessoas pedem demissão por conta do líder", "as pessoas deixam o chefe, e não a empresa", dentre outras.

Isso, de fato, procede. Por outro lado, também é verdade que equipes ruins adoecem a sua liderança e expulsam bons líderes das organizações. Por isso, ouvem-se tais queixas com tanta frequência vindas da liderança.

Elas podem ser, inclusive, traduzidas por dois termos em inglês que as sinalizam muito bem: *delivery* e *accountability*. O líder brasileiro médio, por exemplo, reclama bastante do *delivery* de suas equipes, por não encontrar pessoas entregadoras. Já o *accountability* aparece para o líder quando as pessoas não apresentam o devido nível de responsabilidade ou não respondem da maneira como deveriam. Por isso, costumo traduzi-lo como "responsabilização" (eu sou o dono daquilo, eu estou responsável e dou retorno sobre isso) e "responsividade" (a intensidade da resposta, ou seja, responder à altura do que esperam de você).

CAPÍTULO 2

Em outra patente de liderança, também vemos problemáticas assim quando se trata de um CEO. Neste caso, os *stakeholders* e, consequentemente, suas expectativas são outras. Então, será que esse CEO, de fato, sabe quem são os seus *stakeholders* e quais são as suas expectativas?

É comum, por exemplo, encontrar CEOs acreditando que seus diretores, os quais reportam para ele, não precisam mais de *feedback* ou de treinamento justamente por já serem diretores. Porém, provavelmente os diretores, enquanto *stakeholders* desse CEO, também tenham necessidades e desejos a serem atendidos.

Por isso, com frequência ouço diretores confessarem carecer de *feedback* ou direcionamento de seus superiores. Bem como é comum ouvir de gerentes que eles carecem de *feedback* por parte de seus diretores.

A questão, aqui, é que em meio a tantos papéis, atribuições e responsabilidades é muito comum o líder se perder, especialmente na priorização das atividades que são essenciais ao negócio.

Por isso, o método da Liderança 3D propõe a segmentação dos desafios em três dimensões, ajudando o líder a focar sua energia no que é realmente importante. Assim, ao estruturar seu pensamento baseado neste modelo, o líder será capaz de entender a existência de três dimensões distintas, ampliando sua visão sobre o negócio, as pessoas e o desenvolvimento.

O LÍDER 3D

Apesar de serem dimensões diferentes, você perceberá a conexão entre elas e que a qualidade dessas conexões será determinante para o sucesso de sua atuação como líder, permitindo que enxergue mais longe e identifique áreas de produtividade e áreas de desperdício de tempo e energia.

Dessa forma, será possível filtrar suas ações e definir uma agenda de trabalho produtiva, focando no que fará a diferença nos resultados. Além disso, você conseguirá ter uma cobertura efetiva de todos os principais pontos de cada dimensão, necessários para uma liderança plena, com um olhar integral e sistêmico.

AS TRÊS DIMENSÕES DO LÍDER 3D

O conceito de Liderança 3D apresenta três dimensões que cobrem de forma estruturada e completa todas as necessidades funcionais, estratégicas e humanas do papel do líder.

Começando pela DIMENSÃO DO NEGÓCIO, estamos tratando do líder gestor, que está focado essencialmente na operação e resultados do negócio. Nessa dimensão, são tratados assuntos para permitir uma atuação produtiva, garantindo o cumprimento de todas as atividades da operação e que as necessidades estratégicas sejam bem estabelecidas e executadas.

Assim, todo líder tem responsabilidades ou corresponsabilidades gerenciais, para dar direção ao negócio racionalmente.

CAPÍTULO 2

Ao contrário disso, muitas vezes se prega no mercado a imagem de um líder "messias", que deve mobilizar pessoas e colocá-las em um barco, desenvolver seguidores e outros líderes, e, sim, tudo isso é muito importante; entretanto, a pergunta que fica é: e se ninguém souber para onde esse barco tem de ir?

Portanto, de nada adianta mobilizar pessoas se ninguém souber qual objetivo alcançar ou como lidar com recursos.

Pense: você tem uma viagem de vinte dias para fazer e recursos suficientes apenas para quinze; quem irá lidar com isso? Nesse caso, é o lado gerencial do líder que precisa cuidar da operação e da condução do negócio.

Dessa forma, ainda que você seja líder de uma escola infantil, terá de lidar com as demandas de gestão e com recursos necessários ao funcionamento da escola, bem como com os resultados que ela precisa ter para não fechar.

Ou seja, estamos falando do lado gerencial do líder, que precisa "gestionar" coisas, cuidar de operação, resultado e processo, avaliar variáveis de controle, monitorar recursos e fazer as devidas análises do escopo gerencial.

Mas, o líder não é, na essência, o executor, ele comanda um grupo que executa por ele, e grupos, com frequência, são "bandos", os quais possuem um nível altíssimo de ineficiência. Aí entra a importância do líder de pessoas.

A DIMENSÃO DE PESSOAS, portanto, está relacionada às relações e aos compromissos com e entre as pessoas. No caso dessa dimensão, a visão é mais ampla, olhando para aspectos, necessidades e comportamentos coletivos para dar sustentação consistente às múltiplas relações de grupos, entre os pares e individuais.

Fazendo um paralelo, é como a diferença entre um jogo de futebol profissional e um de crianças, sendo que no jogo das crianças, ao contrário do profissional, há apenas dois goleiros em cada ponta do campo e vinte moleques no meio correndo atrás da bola. Afinal, não tem um esquema tático nessa brincadeira. Mesmo assim, não podemos dizer que falta motivação e engajamento no jogo das crianças.

Nesse sentido, é o líder gestor que cria o esquema tático, e o líder de times, então, mobiliza o grupo em prol dessa causa, fazendo a solda entre os seus membros, para que as pessoas realmente se tornem um time. Quando isso não acontece, vemos comumente histórias de grupos com grandes estrelas independentes, mas que, por não terem se tornado um time, nunca obtiveram sucesso*.

---

* Um caso conhecido de grupo de estrelas que não formaram, necessariamente, um time foi o dos Galácticos do Real Madrid. Em 2013, depois de dez anos da formação do time que reunia os melhores do momento no futebol, a revista inglesa *FourFourTwo* relembrou a ocasião trazendo na capa os jogadores Zinedine Zidane, Luis Figo, Ronaldo e Roberto Carlos, assim como o fez na capa de uma edição em 2003. David Beckham também veio a integrar o time posteriormente, no entanto, de títulos, o melhor conquistado foi apenas uma edição do Espanhol.

CAPÍTULO 2

Assim, o líder de times é o responsável por colocar todo mundo no mesmo barco, fazendo as pessoas quererem estar lá, vendendo para elas uma visão de onde quer chegar, de modo que as empolguem e as motivem a percorrer esse caminho.

Além disso, é ainda quem cria uma cultura de performance, algo extremamente importante, uma vez que muitos processos de time, culturalmente, tendem à mediocridade e ao "romantismo". Isso porque a cultura brasileira criou um estereótipo de baixa performance, onde ser bom é ser estranho.

Vemos isso, por exemplo, na escola, quando alunos rotulam pejorativamente como "CDF" os que se destacam, uma maneira de apontar essas pessoas como "babacas" e "otárias", desestimulando o bom desempenho. Quando essa cultura vai para dentro da empresa, temos jargões como "puxa saco" ou "nerd", igualmente uma maneira de desestimular quem busca ser um pouco acima da média.

A partir disso, retomando o paralelo com o esporte, é que vemos a tendência dos times em reduzir o ritmo quando alcançam um dois a zero, tornando raro vermos uma Alemanha dando sete a um, principalmente aqui na cultura brasileira.

Mas o líder de times é quem faz o time querer, sim, ser muito bom. Mesmo isso dando trabalho, ele consegue transformar um "bando" em um time de verdade.

Para isso, existe uma curva de evolução, onde é possível correlacionar perfeitamente a efetividade de um grupo enquanto pseudotime e o seu impacto como equipe de alta performance, produzindo mais resultado do que grupos com pouca efetividade como times.

Imagem 2: curva dos times de alta performance.

Apesar de tamanha importância, essa dimensão costuma ser subvalorizada, pois costuma se vender que formar times é algo fácil. Porém, ao fazê-lo, o líder terá de lidar com muitos desafios e conflitos, e a pergunta que geralmente faço aos meus clientes de consultoria é: quer testar qual é o nível de fusão do seu time? Então, veja como ele reage a crises.

Isso porque se estamos lidando com um time de base frágil, a resiliência para crises é baixa, ao contrário de

CAPÍTULO 2

times vacinados a influências externas. Assim, invariavelmente o líder pode errar em alguma contratação, trazendo à sua equipe o que costuma se chamar de "laranja podre", responsável por contaminar as outras. No entanto, em um time bem formado, as laranjas boas expurgam a podre rapidamente, ao passo que em um time frágil a laranja podre contaminará todas as demais. Daí, novamente, a importância do líder de times.

Entretanto, por mais que se tenha esse time muito forte, altamente motivado, isso é garantia de performance? Não! E por mais que se tenha um time perfeitamente integrado, que se goste, com um clima maravilhoso, isso é garantia de resultado? Também não! Afinal, para se garantir resultado é necessário que cada integrante, individualmente, desempenhe bem o seu papel.

Nesse sentido, seguindo com nossa metáfora ao futebol, o líder pode ter um time muito bom, mas se o seu goleiro jogar mal naquele dia, certamente fará o time perder o jogo por conta de sua deficiência. Assim como essa deficiência pode ser do zagueiro ou do atacante, que não conseguiu fazer gol, mesmo o time tendo jogado bem.

Nesse ponto se evidencia a importância de o líder trabalhar o desenvolvimento do indivíduo. Como líder *coach*, sua abordagem visará tirar o indivíduo de um patamar e levá-lo a um patamar superior de performance.

O LÍDER 3D

É disso que trata a terceira dimensão, a DIMENSÃO DO DESENVOLVIMENTO, relacionada ao desenvolvimento das pessoas para cumprir os objetivos delas mesmas, da equipe e dos negócios. Nesta dimensão, o olhar passa a se aprofundar no indivíduo, entendendo que a partir do seu desenvolvimento é possível consolidar perspectivas de real crescimento.

E isso só se faz por meio de um trabalho dedicado um a um, o qual pode, consequentemente, gerar efeitos colaterais na segunda dimensão, pois ao acelerar o ritmo em cima de um membro do time, o líder corre alguns riscos, como, por exemplo, prejudicar clima, já que, destacando a performance de um, poderá criar ciúmes nos demais.

Como líder *coach*, então, se você tem um jogador em seu time que deseja ser estrela, com mais potencial ou interesse para ser acima da média, um *outlier*, correrá mais risco com seu time porque, invariavelmente, se decidir desenvolver esse indivíduo, pode resultar em um problema para o líder de times.

Portanto, as três dimensões da Liderança 3D – a de negócios (líder gestor), de pessoas (líder de times) e de desenvolvimento (líder *coach*) – estão, sim, perfeitamente separadas, mas também são interdependentes.

Então, para que você possa se aprofundar ainda mais no entendimento de cada uma dessas dimensões, é hora de exercitar o conteúdo discutido até aqui. Vá para a sua Jornada do Líder, na página 250, e faça a atividade 5, identificando

CAPÍTULO 2

e classificando, dentre todos os subsistemas apresentados, a qual dimensão eles pertencem.

O EQUILÍBRIO DO LÍDER 3D

Tendo relacionado, no exercício, todos os subsistemas a cada uma das três dimensões da liderança, deve ter ficado mais claro para você no que consiste o conceito de Líder 3D.

Como falamos, então, no exemplo anterior, do líder *coach* que pode afetar o clima de seu time ao desenvolver um integrante com maior potencial, é preciso entender que um líder irá, sim, intercambiar suas três dimensões o tempo inteiro, devendo compreender o seu contexto para equilibrá-las adequadamente.

Isso acontece também quando tratamos da romantização geralmente construída em torno do líder de times, que, como dissemos, é visto como um messias capaz de arrebatar multidões.

Mas, na vida real, isso é bem diferente.

Ao entrar, por exemplo, em uma crise econômica, o líder poderá ter de lidar com um ciclo vicioso desencadeado pela diminuição do consumo, que gera menos resultado dentro da empresa e pode levar a demissões. Ou seja, uma organização está sujeita a variáveis externas incontroláveis, inclusive internacionais, que podem afetá-la e, por consequência, levá-la a demitir funcionários.

O LÍDER 3D

E, ao demitir funcionários, o líder corre o risco de afetar o clima e a motivação da empresa. É nesse momento também que o líder precisará ser um pouco mais ortodoxo, pois durante uma crise haverá maior necessidade de as pessoas fazerem mais com menos, lidar com desligamentos e produzir mais com menos recursos.

Esse contexto leva o líder a ser um pouco mais duro, por conta de uma variável econômica e de mercado que demanda mais do seu lado líder gestor, fazendo-o crescer um pouco e se sobrepor às outras duas dimensões, inevitavelmente as afetando.

Afinal, se o líder gestor precisa acompanhar mais, para controlar e cobrar mais, poderá acabar diminuindo o tempo dedicado ao desenvolvimento de pessoas. E à medida que se dedica menos tempo a isso, haverá menos pessoas desenvolvidas e com reduzida capacidade de entregar justamente aquele resultado que o líder precisa cobrar mais em um momento de crise. O que, por sua vez, afeta motivação por exercer mais pressão, impactando, consequentemente, no engajamento e no *turnover*.

___

* *Turnover* é o termo em inglês usado para se referir à rotatividade de funcionários dentro de uma empresa. Trata-se do fluxo entre demitir pessoas e contratar novas. Em empresas onde há problema de retenção de pessoal, costuma-se dizer que o *turnover* é alto e as pessoas não permanecem lá por muito tempo. Porém, como reter alguém que não deseja ficar na organização? Por isso, é muito mais válido que o líder foque no engajamento, fazendo as pessoas quererem ficar, em vez de se preocupar em retê-las.

CAPÍTULO 2

Sendo assim, há um *trade off* entre essas três dimensões, de modo que elas estão sempre intercambiadas, pois ao apertar mais a mão em uma delas, o líder gerará efeito colateral em outra, e aí mora o seu desafio.

O importante de se entender, nesse sentido, é que o equilíbrio do líder não deve ser confundido com uma distribuição linear, como se ele fosse dedicar 33,33% de seu tempo para cada dimensão.

Ao contrário disso, o líder deve saber pesar exatamente quando precisará de cada dimensão a cada momento, de acordo com o seu contexto, lançando mão das ferramentas de líder gestor na hora de ser gestor, das de time na hora de ser líder de times e das de *coach* na hora de ser líder *coach*; e tudo isso vai depender da variável cultural e conjuntural envolvida.

Se esse líder, por exemplo, está lidando com um modelo de negócio como uma *startup*, terá de dedicar mais tempo ao desenvolvimento de times, pois precisará motivar mais engajamento e participação para alcançar o seu objetivo. Por outro lado, se o líder entrar em um mercado que demanda resultados de curto prazo, terá de pensar mais em seu lado gestor.

E além do contexto e das variáveis externas, vale lembrar também que todos nós tendemos a priorizar, consciente ou inconscientemente, a dimensão mais confortável de acordo com nosso perfil. Por isso, é comum se ver líderes muito orientados a pessoas abandonarem um pouco a pasta de gestão sob o argumento de que pessoas são mais importantes e precisam mais dele. Mas, no fundo, ele não gosta ou não sabe fazer gestão.

E, do mesmo modo, há líderes que não dedicam o devido tempo aos rituais relacionados a pessoas por estarem afogados nas rotinas de gestão, com o argumento de que a organização é mais demandante, quando, na verdade, gestão é a área de aptidão ou conforto dele.

E você, tem priorizado mais qual lado de sua liderança? Como tem sido a sua alocação de tempo entre as três dimensões? Convido você a partir para sua Jornada do Líder, mais uma vez, e realizar a atividade 6, na página 252, marcando no gráfico o percentual de tempo dedicado por você a cada dimensão.

A EFETIVIDADE DO LÍDER 3D

Então, será que essa alocação de tempo, relatada por você na atividade, reflete mais as necessidades do seu negócio ou de sua equipe? Ou, talvez, ela reflita tão somente a inércia do seu perfil de liderança?

O que costumo encontrar comumente nas várias sessões de *coaching* com meus clientes, na realização desse tipo de atividade, é uma agenda que não espelha a demanda real daquele líder.

CAPÍTULO 2

Todavia, o fato é que não interessa muito se ele terá 50% de tempo alocado em uma dimensão ou 10% e 20% em outra, a única coisa que não pode acontecer é o líder não saber por qual motivo está fazendo aquilo.

Pois, se assim for, o líder não está gerindo, mas sendo gerido. Ou seja, toda vez que um líder não consegue explicar direito por que ele usou o tempo de determinada maneira, significa que esse líder se deixou levar pela inércia e, muito provavelmente, caiu dentro do status quo de sua preferência ou conforto novamente.

Dessa forma, é comum que aconteçam alguns erros clássicos, como, no caso do líder gestor, não cobrar as pessoas no dia a dia da operação, por assumir que as pessoas já sabem o que têm de fazer ou, então, por achar que tudo será executado e reportado a ele.

Outro erro frequente de líderes gestores é gerir pelo retrovisor, ou seja, começa fazendo as coisas, tendo ideias e implementando ações, para só depois voltar pelo retrovisor a fim de justificar por que está fazendo tudo aquilo. Ou, ainda, há o erro do gestor na dicotomia entre planejamento e execução, perdendo muito tempo em um deles ou não conectando essas duas pontas.

Já ao falar de erros comuns na gestão de times, é possível ver líderes achando que um grupo motivado é garantia de um grupo produtivo, ou confundir clima com cultura de performance. Há também o erro de se perder ou dedicar excesso de tempo ao ficar convencendo as pessoas a fazer o que elas deveriam fazer.

E, por fim, há os erros do líder *coach*, sendo um dos mais clássicos quando o líder acha que todo mundo aprende da mesma maneira como ele aprende ou, então, que todos desejam aprender algo que ele quer. Há ainda o erro de quando o líder acredita que todos têm o mesmo nível de resistência ou resiliência às dores do aprendizado como ele tem.

A questão, aqui, é podermos entender o erro como um fracasso ou aprendizado, e, apesar de isso ser um clichê, trata-se de algo nem sempre praticado. Afinal, usamos muito aqui no Brasil a ideia de que "errar é humano" e repetimos essa frase tantas vezes que acabamos encarando o erro como algo tão natural a ponto de não nos preocuparmos com isso. De fato, errar é humano, mas acertar também é[*].

E mais, repetir os mesmos erros é um ponto de atenção, quer seja por se ter dificuldade de aprender, quer seja por não reconhecer o erro cometido. O fator-chave, então, é refletir sempre nos eventos, nas causas e nas lições desses erros.

---

[*] Nesta nota de rodapé, o convite é para você fazer seu inventário de erros ou lições. Retroaja um pouco no tempo e pense em um momento-chave de sua vida, inclusive como líder, lembrando-se de eventos que geraram um erro ou uma lição para você. Por exemplo, quando você perdeu alguém de alto potencial que não quis mais trabalhar sob sua liderança. Esse foi o evento, quais foram, então, as causas e lições dele?

CAPÍTULO 2

Diante dessas possibilidades de erros e acertos das três dimensões, quão efetivo você é em cada uma delas? É hora de se mexer novamente! Retorne à sua Jornada do Líder e faça a atividade 7, na página 254, e identifique seu percentual de efetividade em cada dimensão do líder tridimensional.

OS SUBSISTEMAS DA LIDERANÇA 3D

Após ter lhe apresentado o modelo da Liderança Tridimensional, quero voltar à questão que, acredito, intrigue você, assim como intriga a maioria dos clientes com que já tive contato: como ensinar alguém a liderar?

Afinal, muita gente sabe o que fazer, tem conceitos bonitos, mas como fazer na prática tudo isso que dizem por aí? Como ensinar o "como" da liderança?

Nesse sentido, costumo dizer que é como aprender a pilotar uma moto ou jogar um esporte, é preciso pensar nos fundamentos.

Se eu quero aprender a dirigir uma moto, por exemplo, tenho vários caminhos, um deles é subir na moto e sair dirigindo em alta velocidade, assumindo um risco maior; o outro é ser conservador e começar sozinho, indo bem devagar, levando muito mais tempo para fazer qualquer coisa na rua.

Então, posso decidir procurar um curso de pilotagem de moto de alta velocidade. Nele, terei contato com os fundamentos da pilotagem: freada, curva, pendular... Fatiando a pilotagem em fundamentos.

Desse modo, será possível que eu treine nos fundamentos, aprendendo a melhorar em cada item, com plena clareza naquilo que sou bom e no que não sou, dando-me condições de crescer.

Portanto, não se treina a pilotagem de uma moto de alta velocidade praticando só a pilotagem, pois "pilotar" é algo muito amplo. Assim, é possível definir, por exemplo, que nos próximos seis meses o foco será a freada em alta velocidade, porque ainda precisa melhorar esse ponto. Então, o foco será esse.

O mesmo acontece em qualquer outro esporte, como é o caso do vôlei, em que não se chega para um treino indo direto ao jogo. Pois, antes, o jogador treinará os fundamentos do vôlei: passe, sacada, cortada, bloqueio e assim por diante. São os fundamentos do treino para aprender o "como" do vôlei.

Dessa forma, se o jogador é ruim em saque, terá de treinar mais esse fundamento a fim de não prejudicar sua equipe, além de se colocar em situações em que explore mais os fundamentos nos quais é bom.

Com a liderança, então, é a mesma coisa. A maioria das pessoas, no entanto, tenta aprender a liderar como se fosse pilotar ou jogar, tentando fazer tudo ao mesmo tempo, saindo de um ponto, que nem sempre se sabe qual é, querendo chegar a um lugar que também não se sabe onde é.

CAPÍTULO 2

Para evitar isso e ajudar a "fatiar" a liderança é que o método do Líder 3D divide o jogo da liderança em 24 subsistemas, para o líder percorrer a trilha de seu desenvolvimento fundamento a fundamento, com total clareza de onde está, aonde quer chegar e como passará fundamento por fundamento.

Assim, o líder deveria fazer, o tempo inteiro, um tipo de *tracking* para entender como está trilhando tais fundamentos no exercício de sua liderança, para saber em quais precisa atingir uma pilotagem mais plena nessa cadeira potente que é a liderança, da qual, muitas vezes, o líder não está fazendo pleno uso.

Por isso, neste momento, quero convidá-lo a fazer uma autoavaliação sobre as responsabilidades do líder na atividade 8, disponível na página 256 de sua Jornada do Líder, a fim de você avaliar quão capaz se considera em cada subsistema da Liderança Tridimensional.

E antes de fazer esse *trade off* das responsabilidades do líder, pense que, geralmente, nesse tipo de exercício para se pontuar de zero a dez é comum ficarmos na média politicamente correta permeando o sete e o oito.

Mas considere que o dez é a sua referência máxima naquele quesito, que é o melhor possível naquele aspecto. Para você ocupar a posição do dez, você precisa preencher, de fato, 100% dos quesitos analisados.

Por exemplo, seguindo com o paralelo da moto, posso tomar como referência Valentino Rossi em pilotagem e considerá-lo nota 9,5. Então, se me considero 8,0 nesse mesmo quesito, terei apenas 1,5 para chegar aonde ele está, deixando pouco espaço para que eu possa crescer e dificultando meu desenvolvimento.

Seja, então, realista e pense: tem alguém capaz de fazer isso muito melhor do que eu? Quem é a minha referência como nota máxima? A partir daí, considere que pontuar 3,0 ou 4,0 lhe dará muito mais espaço e possibilidade de crescer até alcançar a sua referência.

Além disso, uma reflexão que vai ajudá-lo a chegar a um nível de consciência interessante é pensar, após se autoavaliar, no seguinte: se perguntarmos para a sua equipe, ela dará para você as mesmas notas que se deu? E se perguntarmos ao seu chefe, ele dará essas mesmas notas?

Então, que tal perguntar? Após fazer a sua autoavaliação na atividade do *trade off* das responsabilidades do líder, interaja com os seus liderados e com o seu líder.

Isso irá ajudá-lo no entendimento de quão eficaz você é em cada responsabilidade. Vamos lá, desafie-se!

CAIU A FICHA?

No momento em que para de aprender, você para de crescer. Reflita: o que aprendeu até aqui?

Desta vez, você terá uma estrutura que ajudará você a organizar as fichas que caíram durante este capítulo.

Reflexão ou aprendizado importante:	
Por que isso é importante?	
Quais impactos ou avanços você imagina ter?	
Como você já pode usar isso em seu dia a dia?	

CONVIDADOS ESPECIAIS

José Olímpio
Executivo C-Level com experiência de mais de vinte anos em empresas nacionais e multinacionais na Indústria Farmacêutica e de Alimentos.

"A pior mentira é aquela que você conta para você mesmo". Essa é uma frase que ouvi de Scher Soares, certa vez em um treinamento para representantes de vendas, e que uso até hoje. Uma fala simples e marcante, assim como o seu autor, que era alguém capaz de tornar o simples, fantástico.

Afirmo isso com propriedade porque a minha trajetória com Scher começou muito antes da Farmoquímica (FQM), quando há mais de quinze anos o conheci iniciando sua carreira como consultor, quando eu ainda estava na Danone. E de lá para cá, mais do que as frases certeiras que ele desferia, marcou-me muito como ele conseguia, com sua fala provocadora, tirar pessoas do lugar comum.

Afinal, era impossível passar ileso pelo Scher, seja como cliente, parceiro ou participante de um treinamento, ele nos impactava com a sua habilidade de instigar sem agredir, levando todos ao seu redor a um pensamento de alta performance, elaborando *feedbacks* de tal maneira que, ao final de

CAPÍTULO 2

qualquer treinamento de vendas, ele tinha o consenso unânime de todos os participantes.

E, mais do que isso, Scher conseguia alinhar e modular o seu discurso de acordo com cada público com quem ele conversava; dos representantes de vendas aos médicos, do nível operacional de vendas ao mais estratégico, ele procurava em todas as suas conversas entender de gente, conhecendo o público que estava à sua frente como ninguém.

Você, certamente, já deve ter notado esses traços do autor lendo suas palavras até aqui, traços esses que conto com o intuito de ajudá-lo a tirar o melhor proveito possível dos ensinamentos de como ser um líder na prática, contados por um próprio grande líder. Nesse sentido, há algo que aprendi ao longo de minha trajetória sobre sempre trabalhar com dois pilares, resultado e relacionamento.

Ambos são importantes, mas o resultado, diante de qualquer coisa que aconteça, garantirá que dificilmente alguém questione você, pois funciona como um escudo. Já com maus resultados, todo mundo poderá questioná-lo.

Se um gerente não é bom, por exemplo, porém entrega resultados constantemente, na sua primeira queda farão de tudo para derrubá-lo. O contrário também é verdade, pois o gerente pode ser muito gente boa, mas pessoas de bem sem resultados são suportáveis apenas por um tempo. Se não há resultado, o pilar do relacionamento cai.

O LÍDER 3D

Digo isso para que você se sensibilize para o fato de que tem em mãos uma leitura capaz de ajudá-lo a alcançar resultados ao mesmo tempo em que desenvolverá um relacionamento incrível com os seus liderados. Uma leitura capaz de tirar você do seu lugar comum, de fazê-lo vislumbrar a alta performance. Assim como eu, pessoalmente, pude vivenciar tudo isso ao lado de Scher Soares.

O LÍDER GESTOR

3

O LÍDER DEVE SE LEMBRAR DE QUE LIDERA PESSOAS E, AO MESMO TEMPO, GERA NEGÓCIOS. VOCÊ SABE GERIR?

CAPÍTULO 3

É hora de encarar o seu lado gestor! Neste capítulo, quero conversar com os seus interesses, enquanto líder, relacionados à operação e aos resultados do seu negócio.

Partindo da identidade do líder, a qual espero que você esteja incorporando cada vez mais em seu dia a dia, e do conceito de Liderança Tridimensional abordados nos capítulos anteriores, é hora de falarmos da dimensão que é considerada o ponto de partida para a construção de uma Liderança 3D efetiva.

Por meio dela, você será capaz de entender as especificidades do negócio, compreender os desafios dos resultados e empreender ações para cumprir a missão da empresa, e assim, promover uma base segura para trabalhar as outras dimensões.

Como já vimos na explicação do conceito das três dimensões da Liderança 3D, todo líder precisa considerar que há uma parte em seu trabalho que consiste em gerenciar negócios. Por isso, essa dimensão envolve uma série de fatores críticos para o sucesso da organização, das ações e decisões tomadas pelo líder, com desdobramentos significativos em relação ao exercício da liderança.

Desse modo, para ser bem-sucedido nessa dimensão, é fundamental entender e atender às responsabilidades da operação e dos resultados. É preciso também ter uma visão macro, sistêmica, a fim de se entender o modelo de negócio existente por detrás das cortinas, até mesmo para o líder ser capaz de liderar as pessoas dentro desse modelo de negócio.

Nesse sentido, é muito comum, ao se falar sobre liderança, encontrar sempre uma abordagem bastante voltada a pessoas. Veja você mesmo em qualquer busca no Google a respeito do tema quantas referências encontrará mostrando abordagens sobre liderar pessoas. Mas, diante disso, a pergunta que fica é: e o negócio? Lideramos pessoas para quê? Pessoas são lideradas sob qual contexto?

É preciso lembrar que, em qualquer situação, ao se liderar pessoas tem de haver um objetivo de negócio com foco voltado ao resultado e à estratégia. Não importa se você é o líder de uma empresa, de uma ONG ou de um time de futebol, em qualquer tipo de organização provavelmente você terá uma causa por detrás dela que precisa ser gerenciada.

Porém, esse excesso de depósito de expectativas em cima do lado do líder voltado a pessoas suscita o risco de se deixar de lado a gestão do negócio, justamente o aspecto gerencial que todo líder precisa ter.

Quando discuto essa dicotomia com meus clientes, costumo levá-los a fazer algumas ponderações para despertar seu pensamento como gestor. E quero compartilhar algumas delas com você:

CAPÍTULO 3

- Todo gerente é um bom líder?
- Os fundamentos da administração/gestão são os mesmos da liderança?
- Você consegue engajar pessoas só a partir de competências gerenciais?
- Pessoas motivadas são garantia de resultados?
- Apenas "cobrar" é garantia de entrega de resultados?
- Autonomia e liberdade unicamente são suficientes para um bom resultado?
- Você fez tudo o que planejou nos últimos seis meses? Fez tudo o que deveria ter feito?

Ou seja, não adianta ter um time altamente motivado se a empresa estiver desperdiçando recursos. Bem como de que serve um time engajado se não estiver entregando resultados ao final? Ou, ainda, um time perfeitamente integrado, com um maravilhoso clima entre pessoas, mas burlando determinadas normas para produzir um resultado final*?

---

* Em setembro de 2015, o EPA (*Environmental Protection Agency*) dos Estados Unidos descobriu uma fraude nos carros da Volkswagen para passar nas inspeções veiculares dos testes de poluentes. Foi descoberto que na estrada os carros emitiam, na verdade, de 10 a 40 vezes mais poluentes do que nos testes. No dia 22 do mesmo mês, a empresa admitiu a fraude em 11 milhões de carros e reservou 6,5 bilhões de euros para solucionar o problema.

O LÍDER 3D

Desse modo, certamente você deve conhecer algum exemplo de um bom líder de pessoas que deixou seu negócio naufragar ou não atingiu os resultados esperados. Por isso, o líder gestor é a pessoa que precisa fazer gestão[*].

Para isso, ele deverá, invariavelmente, depositar mais energia no direcionamento das ações, no seu *follow-up* e acompanhamento, cobrando que o planejamento aconteça na prática da execução, e toda vez que isso é feito existe um risco de gerar desconforto nas pessoas, pois nem todo mundo gosta de ser cobrado ou receber os devidos *feedbacks* corretivos.

É aí que entra a magia do *trade off* entre as três dimensões do Líder 3D, porque um alguém predominantemente gestor assumirá o risco de ter perdas de clima e de motivação da equipe.

Nesse caso, costumo usar a metáfora de um pescador tentando pegar um peixe-espada para ilustrar esse manejo que o líder gestor precisa ter na relação com as pessoas ao conduzir seu negócio. Pois, na pesca esportiva, será preciso alternar entre dar linha e puxar linha por muito tempo para trazer o peixe-espada ao barco, uma espécie extremamente vigorosa que não se deixa pescar facilmente.

---

[*] Reflita nesta sua nota de rodapé: em seu dia a dia, na organização em que você trabalha, quem são os bons líderes de pessoas, mas que falham na hora de gerir o negócio ou que deixam a gestão de lado?

CAPÍTULO 3

Assim, do mesmo modo que um pescador precisa saber manejar muito bem seu anzol na luta com um incansável peixe-espada, o líder também precisa saber manejar bem os fundamentos da gestão com os impactos nas pessoas.

Da mesma forma, tudo que uma organização não precisa é de um líder que não saiba comandar. Então, imagine um navio indo a pique e um comandante pensando em reunir as pessoas para tomar a decisão do que fazer, querendo ouvir a opinião de todo mundo a fim de se encontrar a melhor maneira de lidar com a crise, tomando cuidado sobre como administra seu *feedback* para não causar impacto no clima.

Ora, o esperado de um comandante durante uma crise é que ele esteja fazendo a gestão da crise. Assim, existe um equilíbrio, uma sutileza muito importante no manejo dessas relações a ser considerado, pois quando se carrega demais uma dimensão consequentemente produzirá efeito nas demais.

Todavia, o grande desafio do Líder 3D é conseguir ser um bom líder de times e, ao mesmo tempo, um grande gestor do negócio, pois ele sabe manejar os fundamentos de cada dimensão com bastante consciência.

Afinal, o líder pode fazer o que quiser, desde que saiba por que está tomando determinada decisão e qual será o impacto gerado. Se ele assumir, deliberadamente, que pode bancar esse impacto, então está valendo o jogo.

O LÍDER 3D

Dito isso, é importante lembrarmos que apenas o entendimento conceitual das dimensões não possibilita um exercício pleno da liderança. Por isso, a Liderança Tridimensional funciona como uma espécie de cascata, pois dentro de cada dimensão há um conjunto de oito subsistemas que são os principais fundamentos da cadeira da liderança. Então, vejamos, a seguir, os subsistemas da dimensão do líder gestor.

O GESTOR DA ESTRATÉGIA

> "A inteligência de uma colmeia é sempre superior à de qualquer abelha. Ainda assim, existe a abelha rainha."

"Estratégia" é uma palavra que se enquadra na categoria de clichê corporativo, sobre a qual se fala muito, mas se pratica bem pouco. Nesse subsistema, o gestor deve garantir a execução da estratégia da empresa e apoiar o time em estratégias pontuais para poder atender às demandas da equipe.

Trata-se do desenvolvimento da visão macro e micro do seu negócio, e essa habilidade irá gerar o domínio estratégico que você precisa para exercer uma influência mais efetiva sobre o time e as pessoas.

CAPÍTULO 3

Desse modo, basicamente estratégia consiste em definir o melhor caminho, o melhor jeito de se atingir determinado resultado. É como traçar uma rota para sair de um ponto A, diagnosticando onde se está, para ir até o ponto B, definindo-se para onde vai e qual é o objetivo em questão.

Estratégia, então, é justamente definir essa melhor rota, considerando todas as variáveis internas e externas relacionadas a essa jornada. Pois um líder estratégico, ao partir do A para o B, pensará em quanto tempo levará nesta jornada, em quais recursos precisará para se chegar lá, em quais intempéries serão encontradas pelo caminho e em todas as outras alternativas possíveis, caso haja desafios não contemplados*.

Assim, o líder gestor terá de pensar em todos esses pontos, planejando como lidará com possíveis obstáculos não antevistos e coisas do gênero. Lendo a respeito dessa necessidade, você deve estar pensando quão difícil é, no dia a dia, exercer a

---

* Um exemplo histórico que comprova quão importante é para a estratégia de um líder antever todas as possibilidades é o episódio da Operação Barbarossa, que ocorreu em 22 de junho de 1941, durante a Segunda Guerra Mundial, quando Adolf Hitler ordenou que seus exércitos invadissem a União Soviética, de Stalin, com 3,6 milhões de soldados. O objetivo da operação, cujo nome homenageia Frederico Barbarossa, líder germânico do século XII, era tomar rapidamente a parte europeia da URSS, porém Hitler não considerou o rigoroso inverno soviético que dizimou grande parte de sua tropa por não estar preparada com os suplementos e uniformes adequados para enfrentá-lo.

função de pensamento estratégico tendo que também se preocupar com colocar a mão na execução das atividades.

E, de fato, a demanda por gerir a estratégia varia de acordo com o nível da função. Então, há líderes em cadeiras muito mais táticas porque estão à frente de operações cuja demanda tática é muito grande.

No entanto, há de se lembrar de que há o antigo dilema sobre mudar o pensamento do executor para executivo. Como falamos ao tratar a identidade do líder, muitas vezes o soldado demora a assumir a posição de capitão, sobretudo quando se trata de um líder que foi alçado à sua posição por ser um grande especialista em determinado processo ou técnica.

Assim, ao ser promovido justamente pela sua grande capacidade ou distinção na execução de determinada coisa, esse líder passa a ser um executivo que precisa gerar resultados por meio de uma equipe de executores. Isso é um dilema, pois antes ele era responsável pelo seu "quadrado" apenas, e entregava resultados, mas, agora, não pode mais colocar a mão na massa e tem uma equipe de dez ou vinte pessoas que, às vezes, não entregam o resultado que poderiam entregar ou fazem fora do padrão de qualidade exigido.

Por isso, existe um risco muito comum do líder, nesse sentido, ficar muito focado na execução e dedicar pouco tempo à formulação da estratégia, além de também correr o risco de se tornar um líder altamente modelador, ou seja,

CAPÍTULO 3

que modela pessoas para fazer as coisas do jeito dele, cerceando sua liberdade criativa.

Por outro lado, querer dividir quem trabalha "estratégia" de quem trabalha "tática" é um mito, afinal, é verdade que a estratégia está muito mais nas mãos de líderes que têm isso no escopo de sua função. Porém, o pensamento estratégico é algo inerente a qualquer pessoa na função de liderança e não apenas às pessoas nessa posição.

Por isso, essa é uma das questões mais importantes da dimensão do líder gestor, pois conduz o profissional a pensar o seu negócio de forma mais ampla, fazendo-o, consequentemente, entender a necessidade de sair de um modelo focado em tarefas e ir para uma atuação de execução estratégica focada em resultados.

Possivelmente, você conhece muito bem esse desafio, afinal já deve ter tido liderados com dificuldade de enxergar o negócio de forma mais ampla, que apenas executavam tarefas orientadas e, assim, contribuíam pouco para sair do senso comum.

Outro aspecto importante é o reconhecimento do nível de energia e tempo que você tem empregado em atividades diretamente relacionadas aos resultados. Pois o Líder 3D consegue enxergar como suas atividades de gestão estão impactando nas outras dimensões e, por consequência, também nos resultados. Por isso, vale separar a gestão em dois blocos distintos:

O LÍDER 3D

Imagem 3: comparativo gestão funcional x gestão estratégica*.

Portanto, estratégia, em resumo, significa pensar, antever coisas, e isso tem relação com áreas onde algumas pessoas são mais talentosas, e outras não. Afinal, alguns líderes têm talento natural para o pensamento estratégico, ao passo que outros não têm.

Então, todo líder, talentoso ou não, precisa entender o pensamento estratégico como algo possível de ser desenvolvido e aplicado em qualquer que seja o tema, não apenas dentro das empresas.

Desse modo, para um líder conseguir pensar "estratégia", precisa passar a enxergar as coisas sob três pontos

---

* Qual nível de energia você emprega, hoje, como líder na sua gestão funcional e estratégica do dia a dia? Nesta nota de rodapé, faça um inventário de suas atividades de gestão relacionando o que é funcional e o que é estratégico. Então, reflita: o que você deve automatizar ao máximo? E o que deve passar a priorizar mais?

CAPÍTULO 3

de vista que o ajudarão muito: o sistêmico, que consiste em olhar sempre para o todo; o pensar e olhar sempre para frente, a fim de antever os acontecimentos e planejar melhor; e o pensar no movimento das coisas, porque nada é estático, e um planejamento estratégico leva em consideração, inclusive, as coisas que podem acontecer e as possíveis maneiras de lidar com elas.

Então, para desenvolver a capacidade diferenciada do pensamento estratégico, estes três pontos certamente ajudarão você muito como líder: visão sistêmica, olhar para frente e encarar tudo com dinamismo.

O GESTOR DAS TAREFAS E ENTREGÁVEIS – EXECUÇÃO

A palavra "estratégia" tem muito mais glamour do que a palavra "execução".

Assim como "estratégia" é um clichê corporativo, a "execução" costuma ser subvalorizada pelos líderes, sobretudo no Brasil, onde temos um ponto evidentemente crítico pela certa indisciplina que temos com execução, além de um conformismo com a execução abaixo da média, o que nos faz deparar frequentemente com exemplos de implementações malfeitas, e isso é responsabilidade do líder gestor.

Por isso, esse subsistema trata da preocupação do líder gestor em manter o domínio e controle das tarefas e entregáveis de sua equipe, promovendo processos de melhoria para ganho de produtividade. Para tanto, é evidente, por exemplo, a necessidade de integração desse domínio por meio de uma agenda produtiva.

Então, o líder gestor tem de entender que, mesmo não sendo ele diretamente o responsável por isso, precisará ter algum processo para gerir a execução de seu negócio. Porém, o que ocorre, justamente por um aspecto cultural do Brasil, é um descolamento entre estratégia, planejamento e execução, um hiato causado pelo pouco apreço dos líderes às tarefas e entregáveis.

Assim, por não terem muito glamour, as tarefas ficam em segundo plano e não são consideradas parte nobre do processo de liderança. Entretanto, elas representam justamente a ponta responsável por garantir a execução plena da estratégia formulada pelo líder.

Ou seja, é aquele conjunto de tarefas designadas a serem feitas que, de fato, levam a estratégia a cabo e efetivam a execução de um plano. Por isso, esse é um ponto onde muitos líderes gestores falham, por demandarem muitas coisas, mas não acompanhar e cobrar com a mesma energia.

Se pudermos fazer um paralelo, pense em um comandante de avião que não queira se preocupar com as tarefas e entregáveis de um voo. Tudo de que ele não precisa é de um problema em pleno voo porque alguém não faz

CAPÍTULO 3

uma determinada tarefa bem-feita, a qual pode ser crítica no processo de execução da sua estratégia. Por isso, há o *check-list* de voo, para que o comandante passe todas as tarefas e entregáveis um a um.

Desse modo, as tarefas e entregáveis deveriam ser vistos como parte de uma grande árvore, conectando-se com o objetivo estratégico da organização. No entanto, há a predominância do *modus operandi* de alguns times de "sair fazendo", até por serem bastante operacionais e tarefeiros.

Contudo, como na imagem da árvore, a ideia das tarefas e entregáveis é resultar do objetivo, que, por sua vez, deriva de uma estratégia, a qual deriva de um plano. Por isso, todos em uma organização deveriam saber em que momento as suas tarefas e entregáveis se conectam com o objetivo de negócio lá na ponta.

Assim, algo que todo líder deveria fazer se quiser desafiar o *status quo* e o sistema existente é perder um tempo circulando dentro de sua empresa, entre as operações e suas equipes, questionando: onde é que essa tarefa se conecta com o nosso objetivo estratégico de negócio?

Afinal, é muito comum que o líder perceba pessoas fazendo coisas que não se conectam à estratégia do negócio. Ou, então, que até se conectam, mas aí as pessoas não sabem onde e por que se conectam, resultando lá na frente em um problema de engajamento.

O LÍDER 3D

Como eu costumo dizer em meus treinamentos, existem apenas três motivos para que as pessoas não façam algo: elas não querem, não sabem ou não têm controle; sendo que o controle faz parte do gestor das tarefas e entregáveis.

Então, com isso em mente, proponho que você verifique, agora, a operação do seu negócio. Vá para a sua Jornada do Líder, na página 257, e faça a atividade 9. Nela, você irá analisar os processos envolvidos em sua operação e identificar os principais desvios na execução, sempre se conectando ao objetivo estratégico da organização.

O GESTOR DOS ORÇAMENTOS E RECURSOS

"A diferença entre o remédio e o veneno é a dose."

Parar e fazer uma reflexão como a do exercício anterior nos leva a perceber como o desperdício pode estar presente na nossa empresa.

Justamente por isso, os recursos demandam uma precisão cirúrgica em sua aplicação. Extremamente importantes, os recursos são, por definição, finitos e escassos, por isso são tão valiosos, e é de responsabilidade do líder gestor o seu uso bem-sucedido.

CAPÍTULO 3

Assim, esse subsistema envolve controle e, acima de tudo, direcionamento por parte do gestor, representando um dos grandes pecados capitais da gestão.

Então, uma pergunta que todo líder deveria fazer, mas que pouco se usa, é quanto cada recurso aplicado na operação ou na estratégia do negócio tem gerado de resultado.

E até por não realizar esse rastreamento preciso é que o recurso acaba sendo uma área para funcionar como um "cavalo de batalha" dentro das empresas, pois as pessoas se apegam à sua falta ou escassez no intuito de justificar seus maus resultados.

De forma manipuladora, esse "cavalo de batalha" é usado como justificativa de não se ter resultados, quando, na verdade, os recursos são realmente escassos e exigem bastante precisão e inteligência em sua utilização.

Por isso, o desafio do líder gestor é conseguir fazer uma alocação precisa e estratégica, empregando cada recurso no local e no tempo adequado, focando no devido retorno do investimento. Afinal, todo recurso está ali para produzir algum retorno e, se desperdiçado ou mal utilizado, pode comprometer a estratégia do negócio.

Nesse sentido, há dois erros muito comuns na utilização de recursos: superestimar potencial e desperdiçar recursos ou subestimar potencial e gerar uma má aplicação.

Então, pode acontecer do líder empregar recursos demais e acabar não tendo retorno ou, por outro lado, não fornecer os recursos corretos e adequados e acabar não conseguindo capturar o potencial em questão.

Portanto, é imperativo ter precisão na alocação de recursos para preservar aquilo que pode ser considerado o coração da estratégia de um negócio. Porém, quando isso não acontece e se analisa o porquê de uma utilização inadequada, um dos principais motivos evidentes é a falta de processo.

Afinal, por que determinado recurso é usado da maneira escolhida? Com frequência, não se observa uma resposta precisa para isso, e, por esse motivo, a alocação de recursos é feita de forma linear, de modo que o líder recebe o recurso e o divide entre suas equipes e áreas igualitariamente.

Por outro lado, os recursos também podem ser mal utilizados pelo método "quem chora mais, mama mais", ou seja, quem aprendeu a cobrar mais recursos acaba recebendo mais.

Por fim, há ainda outra maneira inadequada de alocação de recursos que consiste em se basear apenas no histórico de resultados, pois isso reforça o mesmo padrão de geração de resultados de sempre, sendo que o correto é se considerar o potencial e a capacidade de utilização*.

---

* Como os recursos são alocados, hoje, em sua organização? Nesta nota de rodapé, pense nas possibilidades de utilização de recursos e reflita sob qual método você tem trabalhado a sua alocação: nenhuma alocação, proporcional aos resultados, quem pede mais vai ganhar mais, ou de acordo com os objetivos e prioridades?

CAPÍTULO 3

É mais ou menos como um soldado na guerra que pode receber todos os recursos possíveis em termos de armas e equipamentos, mas, se for mal qualificado, tudo isso poderá virar desperdício e até um entrave, pois imagine esse soldado guerreando em um lugar onde o deslocamento físico é essencial, carregando uma mochila de vinte e cinco quilos de equipamentos que ele sequer sabe utilizar direito.

Ou seja, além de um desperdício, tais equipamentos virarão um peso e prejudicarão a performance do soldado. Por esse motivo, recurso exige capacidade de utilização, e capacidade, por sua vez, pode demandar um processo.

> "O atalho pode ser a causa de um fracasso. Afinal, são muitas as formas de ceder à tentação e seguir pelo caminho aparentemente mais fácil, não fazendo o necessário."

Assim, qual é o processo que pode ser utilizado para analisar o ROI[*] e entender onde se obteve os melhores resultados de alocação de recursos? É importante lembrarmos, desse modo, que recursos precisam estar ligados a um bom processo de análise de viabilização, e o líder não deveria deixar a sua alocação acontecer apenas pelo *feeling* de sua equipe.

---

[*] ROI é a sigla, em inglês, para *Return On Investment*, que significa o retorno obtido dos investimentos realizados.

O LÍDER 3D

O GESTOR DA EFICIÊNCIA E PRODUTIVIDADE

Esse subsistema está literalmente ligado à eficiência operacional e à capacidade de produção. A pergunta que se faz, aqui, é: isso que estamos fazendo em oito horas poderia ser feito em quatro? E o modo como estamos fazendo, teria um jeito de fazer melhor, com mais eficiência e velocidade? Sou eficaz, fazendo o que precisa ser feito, ou sou realmente eficiente, fazendo o que precisa ser feito da melhor maneira possível?

Ou seja, gerir a eficiência e produtividade consiste em identificar os seus gargalos críticos e atuar rapidamente para propor ajustes com foco nos resultados. Para isso, é fundamental manter o domínio e acompanhamento sobre os indicadores, promovendo a correta orientação, a fim de se manter o time focado.

Nesse sentido, no caso de um time de vendas, por exemplo, avaliar fatores como visitação, frequência, sequência e *target* seria importante.

Dessa forma, esse tema normalmente deriva de processo e de competência, pois a falta tanto de um como de outro gera perda de produtividade, e quando falamos de executar com produtividade e qualidade nos deparamos com um eixo bastante crítico, afinal, como já comentamos, a execução abaixo da média costuma ser um ponto de conformismo no Brasil.

CAPÍTULO 3

Para isso, é importante entendermos que, quando muitas tarefas e entregáveis acabam não saindo no nível ideal, a melhor maneira para se lidar com isso é compreender o que seria o *"best in class"*, ou *benchmark*, uma referência no mercado em boa prática para o seu negócio.

Seria, por exemplo, como avaliar o modo de um determinado restaurante servir os seus clientes e entender que essa seria uma referência do melhor modelo possível. Então, o líder gestor poderia avaliar se a sua maneira de servir os clientes em seu negócio está mais próxima ou distante daquilo*.

Outra maneira de se lidar com isso seria avaliar a expectativa dos *stakeholders* envolvidos, verificando se a maneira como se executa as tarefas e entregáveis atende às expectativas de quem está comprando ou consumindo o produto ou serviço vendido.

Essa questão, inclusive, pode ser aplicada a qualquer aspecto do negócio. Pode ser o caso de um *delivery* de pizza, por exemplo, avaliando sua produtividade e qualidade. Provavelmente, há *delivery* que faz suas entregas em vinte minutos, e outros em quarenta. Isso tem a ver com produtividade.

---

* Qual seria a referência, o melhor *benchmark*, em seu setor de atuação? Nesta nota de rodapé, convido você a analisar os *players* do seu mercado e elencar o que seria um melhor modelo possível. Reflita: quão próximo ou distante o seu negócio está disso?

Por outro lado, há *delivery* que entrega com uma experiência de qualidade maior e outros com uma menor. Então, se um *delivery* que entrega em quarenta minutos decidir entregar uma pizza em vinte minutos em um determinado dia, ou fará uma entrega mal-acabada ou mal transportada, pois ainda não foi criado um processo para lidar com essa redução de tempo da melhor maneira possível.

Por isso, o líder gestor deveria ter na ponta da língua essa clareza de quais são as principais tarefas e entregáveis de cada membro do seu time, a fim de poder avaliar se os seus liderados entregam o que deveriam entregar e o fazem com a devida produtividade e qualidade.

Assim, é essencial envolver toda a equipe nessa busca por eficiência e produtividade, pois, lembre-se, quanto mais as pessoas entendem por que estão fazendo aquilo, mais sentimento de propósito empregam em suas atividades.

Um exemplo básico para ilustrar essa questão é o de um manobrista que fica no *vallet* de um hotel. Qual é a sua função e o seu papel? É simplesmente levar e ir buscar o carro. Essa é a tarefa dele.

Contudo, se o manobrista peca na execução de suas tarefas e entregáveis, poderá afetar a experiência de hospedagem do cliente, pois ele é o primeiro e o último contato do hóspede, o que o torna parte de sua experiência de consumo.

CAPÍTULO 3

E, também, se pensarmos em produtividade, isso também vale. Afinal, pense em um hóspede que é um executivo, com pouco tempo e com pressa, que passa por todo o processo de *check-out* do hotel rapidamente, mas espera seu carro por quatorze minutos na recepção para poder ir embora. Certamente, a baixa produtividade do *vallet* afetará a sua experiência como cliente.

E se, ainda por cima, o manobrista chega, após esse tempo, acelerando excessivamente o carro do hóspede, mexendo em sua ergonomia ou alterando detalhes nele, provavelmente esse *vallet* ofenderá a qualidade do serviço prestado pelo hotel, gerando um problema para a experiência do cliente como um todo.

Então, quanto mais um líder conseguir compartilhar a importância da produtividade e da qualidade com toda sua equipe, mais entendimento as pessoas terão e, consequentemente, mais senso de propósito empregarão naquilo que estão fazendo, independentemente de suas funções serem mais operacionais.

E, assim, quanto mais as pessoas estiverem engajadas em sua função, maior será o resultado coletivo de todo o grupo.

O GESTOR DOS RESULTADOS

Você não pode adquirir fama em cima do que ainda vai fazer. Então, você já entregou o que lhe cabe?

O LÍDER 3D

Convivendo no ambiente corporativo, quantas vezes por dia você não ouve a palavra "resultado"? Pois é, esse é mais um dos clichês do meio empresarial e, infelizmente, trata-se de uma palavra que tem sido banalizada.

Isso porque ouvimos o tempo todo de pessoas que elas são orientadas para resultados, focadas e medidas nisso, mas uma pergunta simples que pode ser usada para checar e testar essa verdade é: você sabe quais são os indicadores de resultado do seu negócio?

Ora, o líder gestor deve ser um exemplo nesse sentido, tendo sempre em mente seus resultados para ser capaz de comprometer sua equipe a dominar seus números e cumprir suas metas. É esse domínio total dos números que permite ao líder flutuar mais facilmente entre a estratégia e a execução, dando consistência real às ações do seu time e favorecendo o comprometimento de todos.

Portanto, todo líder deveria ter na ponta da língua a resposta para essa pergunta sobre quais são os indicadores de resultado que ele deve perseguir. E, mais do que isso, o líder gestor deveria entender como estão os seus resultados nesse exato momento, de posse de um diagnóstico de resultado *real time*, garantindo o seu acompanhamento.

Além disso, o líder gestor deveria também entender quais são as tendências desses resultados, ou seja, o panorama de seu resultado agora em comparação com seu

CAPÍTULO 3

histórico de resultados dos últimos dias, semanas ou até meses, a depender do tipo de negócio em questão.

Fazendo essa análise, é preciso que o líder tenha noção de quais são as causas e o porquê desses resultados estarem como estão, sejam eles negativos ou positivos.

E, por fim, o líder gestor deve finalmente saber como agir frente a todo esse quadro para gerar as mudanças de resultados que deveriam ser geradas. É nesse ponto que ele precisa fazer a gestão de trás para frente nos fatores críticos de sucesso responsáveis por impactar os seus resultados e, consequentemente, o seu negócio.

É aí que vemos líderes nem sempre fazendo o que precisa ser feito, afinal, fazer o necessário envolve tomar decisões, inclusive decisões corajosas, e quebrar o *status quo* não é fácil. Por conta disso, há uma expressão que costumo usar para esses casos chamada de "gestor esperançoso".

Ou seja, o líder que pratica a gestão da "esperança" é aquele que faz um monte de coisas esperando pela mudança de resultado, esperançoso de que o retorno venha de algum lugar, mas que não está, na verdade, fazendo uma gestão de resultado pragmática, objetiva e focada exatamente nas principais alavancas de construção desse retorno.

Assim, esse gestor da esperança corre o risco de o resultado não vir, pois está muito sujeito a variáveis ambientais externas. Contudo, se o líder não é mais um executor, mas sim um executivo, e se os resultados dele vêm da gestão de uma equipe de executores que precisam fazer o que deve ser feito, ele deve se concentrar nessas principais alavancas.

Para tanto, implica-se saber quais são essas alavancas, o que implica ter um diagnóstico para isso, o que, por sua vez, demanda uma boa capacidade de análise; análise essa que deveria fazer parte da rotina de todo líder gestor.

Por isso, é importante, nesse subsistema, que o líder gestor desenvolva especialmente a competência para construir o seu plano e apoiar a construção dos planos de sua equipe.

Vale pontuar, então, o que se deve esperar de um bom plano com foco em resultados:

- Situações e desafios claros;
- Objetivos com indicadores bem definidos;
- Ações pontuais e efetivas;
- Possibilidade de monitorar;
- *Feedback* com base nos critérios.

Você é capaz de identificar os indicadores de resultado do seu negócio?

Para esse desafio, convido você a realizar a atividade 10 de sua Jornada do Líder, na página 258. Nela, você poderá listar quais são os seus principais indiciadores de resultado, pontuar

CAPÍTULO 3

o peso de cada um deles, sua respectiva unidade de medida e quais são as origens dos dados relatados. Vamos lá!

O GESTOR DE PLANEJAMENTO

"Mude o plano, mas não mude a meta!"

Agora que você fez o último exercício e sabe quais são os indicadores de resultados do seu negócio, será possível se planejar como gestor para alcançar cada um deles.

Provavelmente, você já deve ter ouvido que planejamento é "perda de tempo". Excessivamente utilizado nas palavras, mas não tão frequentemente executado, o planejamento é outra área crítica no Brasil.

Afinal, o líder brasileiro tende a valorizar mais a execução, o fazer, do que o processo de planejar, não se ocupando, então, devidamente do ato de planejar e não alocando o tempo correto nesse importante subsistema do líder gestor, que podemos dizer ser um irmão siamês do subsistema da execução.

Como consequência, o líder acaba tendo graves perdas de tempo no futuro, pois um bom processo de planejamento serve para reduzir riscos e erros. Por definição, essa importante etapa da gestão é onde se antevê o "como" executar, as melhores rotas e os eventuais desafios do processo de execução.

Consiste, então, em preparar, organizar e estruturar as ações, utilizando os recursos disponíveis de forma eficiente para aumentar a produtividade e eficiência da equipe, conseguindo, ao final, cumprir melhor com as expectativas de resultados.

Portanto, quero compartilhar com você uma metodologia de planejamento que costumo adotar em meus treinamentos, que já ajudou muitos clientes de diferentes segmentos.

Trata-se de um processo consistente e simples, que, visto como um todo, permite desenvolver planos completos e coerentes, onde tudo se encaixa, podendo incorporar todos os dados do seu negócio de forma global.

Resumidamente, este processo é composto por quatro pilares:

- Análise: onde estou?
- Objetivos: aonde quero ir?
- Implementação: como posso chegar lá?
- Monitoramento: como estou me saindo até agora?

Adentrando na visão geral de cada pilar, tudo começa com a análise das informações, uma etapa em que você deve agrupar, em três categorias, todas as informações disponíveis em seu negócio: sobre os seus resultados, sobre o seu potencial de crescimento no mercado e sobre a eficácia de sua equipe.

CAPÍTULO 3

A análise de resultados se refere à identificação de "onde estamos" atualmente no mercado. Já o potencial nos mostra as oportunidades de crescimento no mercado. E a eficácia nada mais é do que e como a equipe precisa atuar para aproveitar as oportunidades potenciais e entregar os resultados desejados. Assim, lembre-se sempre que: resultado = eficácia X potencial.

Agrupando adequadamente essas informações e as inserindo em um gráfico, que podemos chamar de gráfico REP (Resultados, Eficácia e Potencial), você terá um amplo diagnóstico da situação atual a respeito de seu negócio, podendo, então, iniciar a próxima etapa.

De acordo com o exemplo abaixo, entendendo cada círculo como um setor, região ou colaborador da equipe; o tamanho da bolha, sendo o potencial; o posicionamento nos eixos x e y sendo a eficácia e os resultados do colaborador, respectivamente; podemos questionar para um diagnóstico efetivo:

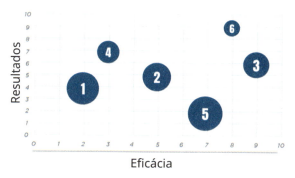

Imagem 4: gráfico REP.

- Qual colaborador possui os melhores resultados?
- Em qual região estamos investindo mais?
- Qual apresenta o menor potencial?
- Por que estamos tendo bons resultados com o colaborador "4", mesmo observando baixa eficácia?
- Por que estamos investindo tantos recursos no colaborador "2", que apresenta resultados medianos e baixo potencial?
- De que maneira podemos melhorar os resultados do colaborador "5", já que ele mostra alta eficácia?
- Quais pontos relacionados à eficácia que o colaborador "1" precisa melhorar para entregar melhores resultados, já que possui potencial de crescimento?
- Qual setor está mais equilibrado?
- Qual possui potencial de crescimento? Como vamos explorar isso?
- De que maneira podemos redistribuir nosso investimento na equipe?

Assim, com um diagnóstico eficiente em mãos vindo da etapa de análise, no próximo pilar você poderá definir objetivos específicos, considerando objetivos que são de saída e os de entrada.

CAPÍTULO 3

Assim, os objetivos de saída estão relacionados aos resultados desejados, tudo aquilo que você quer alcançar. Já os objetivos de entrada estão relacionados à eficácia, àquilo que sua equipe precisa fazer justamente para alcançar os objetivos de saída*.

Lembre-se de que os objetivos precisam ser mensuráveis no tempo, para que seja possível o acompanhamento claro da evolução e do progresso do processo.

Por exemplo, se tenho o objetivo de saída de aumentar meu *market share* de 5% para 8% em três meses, terei como objetivos de entrada:

- Entregar uma média de 10 ao dia aos clientes nos próximos três meses;
- Cobrir 95% das visitas aos clientes-alvo nos próximos três meses;
- Visitar clientes por dia durante três meses;
- Realizar dois eventos diferenciados para os clientes ao mês durante os próximos três meses.

---

* Costumo dizer que uma das leis do triunfo é ter um objetivo principal definido. Muitas pessoas acham que o têm, mas, na verdade, não definiram isso ainda. Você tem o seu? Qual é? Nesta nota de rodapé, convido você a refletir sobre quais são seus objetivos de entrada e de saída.

O LÍDER 3D

Após isso, com os objetivos definidos, o próximo passo consiste na implementação de como chegar aonde você descreveu que deseja estar.

Para isso, é preciso pensar na alocação dos recursos disponíveis de acordo com os objetivos traçados e, a partir disso, criar um plano de ação contemplando o que você realizará a fim de garantir a eficácia de sua equipe.

Por fim, tão importante quanto planejar é garantir que esse planejamento seja executado adequadamente. Para isso, o pilar do monitoramento é fundamental para garantir a aderência da equipe ao plano, verificando por meio de *follow-up* o desempenho de todos no dia a dia.

Imagem 5: ilustração do processo de planejamento.

Sendo assim, note que um bom processo de planejamento, em vez de perda de tempo, irá tornar o seu trabalho mais fácil, pois, ao construir e seguir um plano, você enfatizará o aspecto administrativo de seu trabalho.

CAPÍTULO 3

Portanto, pense em seu negócio como um todo e procure construir seu plano respeitando a ordem das etapas, lembrando-se sempre de que a chave para conseguir implementar o seu plano, de fato, é monitorá-lo constantemente.

Nesse sentido, o monitoramento também é importante para evitar um erro comum nesse subsistema do líder gestor, que é desconectar a análise das decisões, geralmente sustentado pelo pensamento "já fiz minha análise, mas a vida real é diferente".

Percebemos uma tendência em realizar a etapa de análise e seguir diretamente para a construção das ações.

Para evitar esse erro, tenha em mente que você deve conectar seus objetivos à análise e ao diagnóstico realizados para, então, certificar-se de também conectar a sua alocação de recursos e o seu plano de ação aos objetivos. Dessa forma, a questão prática ficará evidente.

Outro erro comum ao se planejar é o que costumo chamar de gerir pelo retrovisor, ou seja, ficar planejando com base no passado, começando com ideias de ações e, depois, construir um pensamento retroativo para justificá-las. Para evitar tal erro, mais uma vez, recomendo fortemente que você siga o processo sugerido, pilar a pilar.

Por fim, preciso alertá-lo sobre mais um erro bastante comum de planejamento, que gosto de chamar de paralisia por análise. É quando o líder se perde no processo analítico, achando que ou não tem as informações suficientes ou tem informações demais.

Assim, vença esse erro estabelecendo prazos rígidos para si mesmo e procure utilizar ferramentas de análises preestabelecidas.

E como exercício para desenvolver esse seu subsistema de líder gestor, nada melhor que procurar fazer o seu próprio planejamento pessoal. Afinal, a coisa mais importante a respeito de objetivos é tê-los. Mas será que você tem, de fato, os seus próprios objetivos? Conseguiria dizer apenas três deles?

Com isso em mente, convido você a ir para sua Jornada do Líder mais uma vez, na página 260, onde você encontrará a estrutura GROW – *Goals* (Metas), *Reality* (Realidade), *Options* (Opções) e *What/When* (O Quê/Quando).

> Quer triunfar? Elimine as desculpas, a inércia, a procrastinação e a reclamação.
> Aja e se responsabilize!

Esta é a atividade 11, na qual você poderá estruturar o seu plano pessoal e exercitar a habilidade de planejamento.

O GESTOR DO PROCESSO

Então, agora você já sabe aonde quer chegar? Tendo feito o exercício de estruturar o seu planejamento pessoal, ficará mais fácil de você assumir a responsabilidade pelos seus resultados.

CAPÍTULO 3

Com frequência, passo por empresas onde a primeira frase que ouço das equipes para reclamar ou se isentar da falta de responsabilidade pelos resultados é a falta de processo. Ou seja, estamos falando de mais um subsistema que costuma ser usado, de forma manipuladora, como um "cavalo de batalha" na hora de justificar maus resultados.

Na verdade, esse jargão corporativo nada mais é do que a simples estruturação de uma maneira de se fazer as coisas, a qual reflita um bom modo de agir.

Por isso, o líder gestor deve procurar ter domínio dos principais processos para efetivar mais rapidamente a sua execução e ampliar a qualidade das entregas.

Afinal, a qualidade de um processo está ligada ao domínio de seus detalhes importantes, pois muitas vezes um pequeno deslize pode gerar uma grande perda de tempo e recursos.

E reduzir o desperdício de tempo deve ser um foco do gestor ao estruturar um processo, objetivando uma maneira efetiva que gere a maior economia possível, pois o recurso mais desperdiçado dentro de qualquer empresa, hoje, é o tempo*.

---

* Com quais dos fatores mais comuns que interferem na gestão do tempo você tem lidado? Nesta nota de rodapé, reflita em alguns deles, marcando por que você acredita que isso acontece: falta de delegação, não saber dizer "não", falta de prioridades, dificuldade para tomar decisões, desorganização pessoal, uso inadequado do celular ou perfeccionismo.

Isso acontece, inclusive, pela má utilização do recurso humano. Por exemplo, quantas empresas você já visitou que têm duas recepcionistas disponíveis e ociosas de 70% a 80% de seu tempo, sendo que, ao visitarmos internamente áreas como *marketing*, inteligência de mercado ou de novos negócios, é bem provável que encontremos uma série de tarefas não executadas ou não sendo executadas na velocidade ideal justamente pela falta do recurso humano.

Assim, será que essa falta não poderia ser suprida pelo ocioso recurso humano que está na recepção? Porém, falta um processo para isso acontecer. É o gestor, então, que pode olhar para o todo e conectar essas partes, fazendo um jogo entre as áreas, papéis, atribuições e responsabilidades, a fim de garantir uma atribuição de recursos consistente por meio dos processos adequados.

O que acontece, nesse sentido, é as empresas procurarem fazer uma redução arbitrária de recursos para ver qual será o resultado. E aí, acabam percebendo que, mesmo com menos recursos, as pessoas conseguem produzir o mesmo padrão de resultados.

Isso evidencia que ali residia uma oportunidade de melhor alocação de recursos, que é onde entra o processo para, simplesmente, estruturar uma boa maneira de se fazer as coisas.

A verdade é que usamos processos o tempo inteiro, até mesmo nas coisas mais simples do dia a dia, como tomar

CAPÍTULO 3

banho ou organizar a mala para uma viagem, e esses processos podem ser bons ou ruins.

Por exemplo, se você viaja muito e não segue um processo para organizar uma mala, fazendo-o sempre de maneira intuitiva e empírica, corre um sério risco de levar coisas demais na viagem ou, então, de deixar coisas essenciais para trás.

Dessa forma, no começo da rotina de viagem pode ser que se leve um tempo absurdo para simplesmente montar uma mala. Porém, com o tempo, esse viajante vai aprendendo a estruturar processos que o ajude a fazer isso mais rapidamente e com menos chance de erros.

Por isso, em qualquer que seja a área, um gestor precisa estar apto a criar processos, e mais, estar apto também a criticar os processos criados. Afinal, o mundo anda, não é mesmo? E aquela maneira, que era boa até então, pode não ser mais o melhor meio de se fazer algo, simplesmente porque os padrões de consumo mudaram ou as expectativas são outras.

Portanto, o líder gestor deve a todo momento criticar processos: essa ainda é, de fato, a melhor maneira de se fazer as coisas?

Quando a resposta for negativa para essa pergunta, é necessário levar em conta dados e fatos para propor novas soluções.

O LÍDER 3D

Além disso, também se questionar: e essa maneira de se fazer as coisas é o modo mais rápido pelo qual posso fazer isso? Levando-se em conta os processos, onde posso atuar para aumentar a produtividade?

Diante dessas análises, o líder será capaz de avaliar o que não está bom em sua operação e ser um bom criador de processos. Por outro lado, também deve, em algum momento, ser um bom "desconstrutor" de processos, sobretudo quando há um excesso de processos que cerceie a liberdade criativa da organização.

Assim, de tempos em tempos, o líder gestor deve se dedicar a destruir alguns processos para, depois, ser possível reconstruí-los.

O GESTOR DE SISTEMAS E ESTRUTURAS

> "A pessoa bem-sucedida simplesmente se habituou a fazer coisas que as malsucedidas não fazem."

Você já deve ter visto a clássica situação de líderes que se submetem a aturar certos profissionais em suas equipes, os quais exercem uma péssima influência nos outros membros, pelo simples fato de dependerem do nível de

CAPÍTULO 3

conhecimento tácito desses profissionais para execução de determinada tarefa ou processo.

Isso acontece porque, geralmente, há muito conhecimento tácito dentro das empresas que ainda não foi devidamente estruturado, tornando os líderes reféns de algumas pessoas.

Por isso, faz parte do líder gestor a sistematização das coisas, das rotinas de uma área ou de uma função, elencando seus principais rituais, tarefas e processos que deveriam ser organizados em uma estrutura de pensamento que permita um pouco mais de gestão do conhecimento.

Para isso, quanto mais o gestor se preocupar em sistematizar coisas e processos, melhor será para o andamento da organização ao lidar com suas informações e "jeitos de se fazer as coisas".

É importante lembrar, então, que a palavra "estruturar" tem a ver com dar uma estrutura de modelo e de forma ao processo que se pretende executar.

Além disso, com a sistematização de atividades é possível criar padrões, regras e premissas que sedimentem o conhecimento e organizem as informações, produzindo mais eficiência e resultados.

Mais uma vez, esse subsistema representa algo aplicável ao cotidiano de qualquer pessoa. Por exemplo, quanto tempo algumas pessoas perdem procurando as chaves do seu carro antes de sair de casa?

Algo simples que acontece porque essas pessoas ainda não sistematizaram a rotina de, ao chegar, colocar as chaves sempre no mesmo lugar. No lugar disso, jogam as chaves em qualquer canto e aí, no outro dia, precisam ficar procurando e perguntando para alguém por onde as deixaram.

Ou seja, uma simples sistematização do modo de fazer as coisas, que poderia ser resolvida até com um prego na parede, capaz de facilitar toda uma rotina.

Outro exemplo clássico que, infelizmente, costumo encontrar em meu próprio dia a dia é o que chamo carinhosamente de "homens represas", que são aquelas pessoas responsáveis por criar um topo de enchente na fila do detector de metal do aeroporto.

Eles não podem ver uma curva que empacam, adoram esperar justamente a sua vez de passar pelo detector para, então, tirar o relógio, todas as moedas espalhadas pelos seus quatro bolsos, as correntes e todas aquelas coisas que poderia ter se preparado para tirar antes, a fim de não prejudicar a operação de um aeroporto inteiro.

Ora, se viajar é uma atividade feita rotineiramente, como uma vez por semana, ou ao menos já realizada alguma vez antes, é possível se planejar um pouco mais para sistematizar a maneira de se fazer isso, como forma de economizar tempo para a pessoa e para todo o aeroporto, tornando o processo mais confortável.

CAPÍTULO 3

Mais um exemplo do cotidiano que nos ajuda a enxergar, inclusive, como as pessoas transferem sua responsabilidade para variáveis externas é a quantidade de vezes que deixamos a bateria do celular descarregar totalmente.

Esse é outro acontecimento básico que ocorre o tempo todo simplesmente porque as pessoas não sistematizam suas rotinas e não procuram saber qual é o seu padrão de consumo de celular, quando ele será essencial para os compromissos de sua agenda e quais recursos existem para não ficar sem bateria.

Porém, a maioria prefere transferir a culpa às baterias dos celulares, alegando que elas duram pouco ou reclamando que os lugares frequentados não têm tomadas disponíveis para recarregar o aparelho. Aí, vem a tecnologia e cria novos recursos para resolver esse problema, como as baterias portáteis.

Mas a falta de processos pode ser tamanha que as pessoas chegam a usar todas as suas baterias portáteis disponíveis e, ao lançar mão delas, encontram todas totalmente descarregadas. Ou seja, o problema não é o recurso, mas, sim, a sua má utilização.

Então, a falta de sistematização cria verdadeiros gargalos, e o líder gestor é alguém que deveria o tempo todo buscar maneiras de sistematizar tudo aquilo que a organização já aprendeu a fazer, afinal, à medida que se automatiza coisas, consome-se menos energia e a chance de errar é muito mais baixa.

Nesse ato de "sistematizar", muitos o confundem com "sistemas de tecnologia", mas o sistema ligado à tecnologia, na verdade, é apenas uma maneira adicional, uma ferramenta que pode ser usada para isso.

No entanto, qualquer tipo de agenda é uma forma de sistematização, seja ela digital ou não, observe quantas pessoas têm um péssimo nível de produtividade pelo simples fato de não terem uma agenda, por optarem pelo modelo de trabalho de chegar, se sentar e seguir fazendo.

Assim, possivelmente não se alcança a produtividade desejada porque tudo é uma questão de sistematizar.

Agora, pensando na sua própria rotina, em como você, enquanto líder, estrutura a sua agenda, convido você a fazer a atividade de número 12 da sua Jornada do Líder.

Disponível na página 261, essa atividade é uma análise que ajudará você a identificar o quanto de tempo tem perdido em certas coisas e avaliar como chegou a isso, por meio de questões que discutam a sua alocação de tempo e sua efetividade gerencial.

Afinal, quanto tempo você perde todos os dias? Em quais áreas isso acontece? O quanto isso representa na sua semana? É hora de se mexer!

CAPÍTULO 3

AS PRINCIPAIS ISSUES DO LÍDER GESTOR

Para finalizarmos esta dimensão do Líder 3D, quero lhe apresentar, com base em tudo que vimos em cada subsistema, quais são as principais *issues* do líder gestor:

- Visão sistêmica e pensamento estratégico
- Gestão funcional
- Planos de ação
- Gestão de recursos humanos
- Rituais e rotinas
- Gestão do conhecimento
- *Marketing* tático

Após conhecer cada subsistema da dimensão do líder gestor, é importante saber priorizar o que é mais importante para o seu contexto e orientar sua equipe para isso.

Por exemplo, se em um negócio o cumprimento de processos é mais crítico, o líder deveria fazer uma gestão que reconheça quem são os seguidores dos processos e que lide com quem não é aderente ao contexto, o que pode gerar, como consequência, uma substituição de pessoas.

E isso deve ser visto como algo natural. O que acontece, todavia, é a existência de alguns mitos e preconceitos em relação à liderança, como a expectativa do líder ser alguém cuja missão é salvar pessoas ou tirar "leite de pedra".

Pelo contrário, o líder deveria ser visto como um recurso para ajudar as pessoas a se realizarem profissionalmente, cumprindo os objetivos da organização, e tomar decisões impopulares, por vezes, faz parte do processo de liderança.

Assim, o líder deveria fazer constantemente o seu PDCA[*] das atividades designadas para ter, o tempo inteiro, uma equipe aderente à operação, para funcionar de forma efetiva e entregar o objetivo de negócio esperado.

Mas como mobilizar as pessoas em torno de um objetivo em comum? Como garantir que as pessoas façam aquilo que elas, supostamente, deveriam fazer? É sobre isso que falaremos na próxima dimensão do Líder 3D, o líder de times.

Antes disso, que tal envolver seus colegas de trabalho em mais uma atividade da sua Jornada do Líder?

Vá, agora, para o exercício 13, na página 265.

Nele, você encontrará uma série de afirmações que envolvem os subsistemas do líder gestor a respeito do que acontece, hoje, em sua organização. Sobre cada uma delas, você terá de dizer se concorda, discorda ou nem concorda ou nem discorda do que está sendo afirmado.

---

[*] PDCA é a sigla, em inglês, para a sequência *Plan* (planejar), *Do* (fazer), *Check* (checar) e *Act* (agir), frequentemente utilizada nas teorias de administração.

CAPÍTULO 3

Após respondê-las, você poderá compartilhar suas respostas com pelo menos três profissionais que trabalham com você para responder a essas mesmas afirmações.

Isso lhe dará um excelente comparativo de como você, enquanto líder, enxerga a gestão atual em sua organização e como os seus colegas de trabalho a enxergam.

Está preparado para descobrir qual é a diferença entre essas opiniões? Então, mãos à obra!

CAIU A FICHA?

Um aspecto que diferencia quem vive de quem somente existe é fazer mais do que a obrigação.

É hora de organizar no papel tudo aquilo que surgiu na sua mente. Durante este capítulo, você leu, refletiu, aprendeu, anotou e até debateu com seus colegas no ambiente de trabalho.

Sendo assim, pense e descreva:

O que farei a partir de agora:	
De que preciso para realizar isso:	

CONVIDADOS ESPECIAIS

Wilson Borges

Brasileiro, líder inspirador e mentor. Há 38 anos na indústria farmacêutica atuando em Big Farmas com produtos *blockbusters*. Hoje, CEO da Natulab, 5ª empresa de OTCs e a maior produtora de fitoterápicos do Brasil. Tem na vida sua regra de ouro: ser feliz, ter humildade e respeitar as pessoas.

Quando o assunto é resultado, acredito que a grande diferença está no "como fazer", e não em "o que fazer", e quando falamos de "como fazer" as ações do dia a dia, inevitavelmente nos atrelamos muito ao humano. Trata-se de obter o resultado desejado por meio das pessoas, focando em influenciá-las a favor daquilo que se espera, sem ser necessário manipulá-las. E por conta dessa realidade, a liderança se faz tão importante na hora de as empresas buscarem o seu retorno atualmente.

Eu pude vivenciar essa importância da liderança na prática ao conhecer o trabalho de Scher Soares, em 2004, quando ainda trabalhava na Medley. Por conta de sua expertise na indústria farmacêutica, tivemos vários encontros ao longo de sua trajetória, como consultor e palestrante, e sempre me chamava atenção a forma com que ele fazia o seu trabalho: de maneira leve, natural, dinâmica, simples e, sobretudo, objetiva. Assim como era o próprio Scher.

Nesse estilo de ser, ele conseguia algo raro hoje em dia: tirar as pessoas de sua zona de conforto, sempre usando exemplos práticos capazes de gerar um engajamento diferenciado com os profissionais ao seu redor. Consequentemente, Scher também acabava por construir fortes relações com seus contatos, uma característica pessoal muito marcante dele, o que me fez contar com sua ajuda, ao sedimentar os conceitos de liderança mais importantes com os líderes dos meus times de vendas.

Muitas vezes, por exemplo, era preciso coragem para abandonar coisas que sempre deram certo e rever antigas práticas, e as palestras do Scher tinham esse poder de nos fazer movimentar, sair do lugar onde estamos, pois ele realmente "botava o dedo na ferida". E isso, claro, faz toda a diferença no dia a dia, afinal, desafiar pessoas é necessário.

Certamente, você também já está se sentindo desafiado ao ler este livro, sentindo-se provocado a sair do seu lugar comum, a fazer algo diferente, a deixar e rever antigas práticas. Creio eu que Scher também conseguirá criar com você o mesmo laço forte que criou comigo e com muitos outros profissionais ao longo de sua trajetória, por isso espero que

CAPÍTULO 3

você consiga aproveitar a presença dessa relação em sua vida profissional, assim como eu aproveitei.

Afinal, se precisamos passar por pessoas para conseguir aquilo que queremos no dia a dia, provavelmente você já está no caminho certo, ao ser um líder com este livro nas mãos, pois essa é a prova de que você espera por algo diferente e melhor. E então, quais resultados você quer obter?

# O LÍDER DE TIMES

4

O LÍDER TEM QUE SER UM ESPECIALISTA EM GENTE.

CAPÍTULO 4

Quanto tempo do seu dia a dia você dedica para fazer supervisão? Como consultor, costumo ouvir com frequência de líderes a queixa sobre a necessidade de ter de supervisionar constantemente o seu time. Afinal, supervisionar é chato, cansa e dá trabalho, e a maioria dos líderes não gosta de passar tempo fazendo isso.

Mas a reflexão que sempre levo a esses líderes é se perguntarem "por que eu faço tanta supervisão?". E, geralmente, a resposta é a confissão do líder de que, se ele não supervisionar, corre o risco de as coisas não acontecerem.

Talvez também faça parte da sua realidade como líder a dor da supervisão constante, a fim de garantir que tudo realmente aconteça. E essa questão é abordada nesta dimensão do Líder 3D, que está diretamente focada nas relações humanas.

Isso porque se o líder é um executivo, e não um executor, que entrega resultados por meio de outros indivíduos, consequentemente o seu foco precisa estar nas pessoas, para elas produzirem com o melhor nível de execução possível.

No entanto, se a necessidade de supervisão é alta, isso indica que o líder provavelmente esteja dedicando muito tempo ao operacional, o que, por conceito, significa que ele está sendo pouco estratégico, negligenciando, assim, um subsistema fundamental de sua dimensão de líder gestor, conforme vimos no capítulo anterior.

Assim, a verdade é que se o líder ainda não tem um time autônomo a ponto de não demandar supervisão constante, precisará alinhá-lo em torno das reais expectativas para se comprometer com o resultado.

Afinal, se uma das missões prioritárias do líder é garantir a execução, ele precisa ter um time capaz de fazê-lo. Porém, enquanto o líder não tiver um time de fato, estará fazendo um trabalho de contenção e controle o tempo todo, consumindo muito mais recurso e tempo em coisas como fazer supervisão.

É por isso que a dimensão do líder gestor está relacionada à construção de um time integrado e suas interligações com o ambiente de negócio, com alta produtividade e performance cultural e profissional.

Por meio dos subsistemas desta dimensão, você perceberá que o objetivo mais importante, aqui, é promover o alinhamento e engajamento das pessoas, considerando os aspectos da coletividade ou os individuais, a fim de promover em seu time a cultura de se tornar um agente transformador.

Além disso, busca-se também alinhar o nível de consciência e expectativas sobre o trabalho com o modelo de negócios da empresa e os mecanismos de estímulo ao desempenho de sua equipe. A partir disso, as ferramentas oferecidas passam a fazer mais sentido e se tornam mais produtivas.

Porém, ao abordar esta dimensão, tenho consciência de que você, certamente, deve saber quão desafiador é se encarregar da

CAPÍTULO 4

tarefa de formar um time. E mais desafiador ainda, tendo esse time em mãos, é construir integração entre seus membros, criando sinergia e complementaridade de grupo.

Por isso, quando falo sobre essa difícil tarefa com meus clientes, convido-os novamente a fazer algumas ponderações sobre times, as quais compartilho com você:

- Todo grupo é um time?
- Ter um clima agradável é garantia de entrega de resultados?
- Toda equipe é autoimune a conflitos?
- As pessoas em um grupo confiam umas nas outras?
- Seu grupo sempre esteve e/ou está 100% motivado? Todas as pessoas estão?
- Criar alinhamento entre as pessoas de um grupo é fácil?
- Se você se ausentar ou se houver mudança de liderança, como seu time reage?

Certamente, você já deve ter se deparado com esses questionamentos ao lidar com o desafio de formar um time em qualquer situação. Por isso, quero citar, aqui, algumas das situações mais comuns, e mais relevantes, como: formar um time do zero, receber uma equipe já pronta ou assumir o time que era de outro líder.

Tenho certeza de que você, enquanto líder, já deve ter passado por uma delas. O que vai ser mais desafiador em cada uma, então, vai depender do contexto em que você está inserido como líder.

Por exemplo, se a sua realidade é a de um líder que está formando uma equipe, é preciso entender por qual motivo essa nova equipe está sendo formada. É porque tem um novo negócio, no caso dos empreendedores? Ou porque precisou reestruturar toda uma equipe que não deu certo? Trata-se de um processo de substituição ou de expansão?

Ou se você está recebendo uma equipe já pronta, qual seria a expectativa de sua companhia enquanto líder? Quem são os envolvidos nesse processo e quais são as suas expectativas? O que esse grupo espera de você?

Por fim, pode ser que você esteja assumindo a liderança no lugar de outra pessoa. Se assim for, por que houve a substituição do líder anterior? Trata-se de uma situação em que os resultados eram bons ou ruins? Há uma crise ou um problema de gestão? Pode ser que você esteja substituindo um líder extremamente carismático e popular, assim a referência anterior será mais desafiadora. Por outro lado, se o líder anterior era alguém problemático, a expectativa que chega sobre você será mais alta.

Portanto, a questão principal sempre será descobrir quais são as expectativas do conjunto de *stakeholders*

CAPÍTULO 4

envolvidos naquele contexto. Seja qual for a situação, sempre haverá desafios. Eles podem ser diferentes para cada caso, mas sempre existirão.

Desse modo, antes de qualquer passo, pense: qual é o seu negócio? Qual é o seu contexto nesse tipo de *business*? E quais são as demandas que você possui à sua frente?

Pensou? Certo, agora simplesmente responda à questão: de que tipo de time você precisa para lidar com isso? Seria um time operacionalmente impecável? Ou um time criativo, dinâmico e ousado? Talvez seria um time mais entregador?

Sabendo, então, de que time você realmente necessita, seja honesto em verificar se você tem esse time em seu atual contexto. O que falta para isso? O que você deveria fazer para conseguir o time do qual você precisa*?

Com essas reflexões, não perca tempo e vá em busca do time do qual você precisa! Nesse sentido, vale se lembrar de uma regra clássica que é meio caminho andado em liderança de times: "*Right people, right place*" (pessoas certas no lugar certo).

Muitas vezes, um líder sofre à frente de um time por ter a pessoa errada no lugar certo ou por ter a pessoa certa no lugar errado. Por isso, é crucial fazer essa avaliação, olhar

---

* Contrate devagar e demita rápido". Essa é uma expressão que representa uma das regras de ouro na condução de um time. Nesta nota de rodapé, pense: de 0 a 10, que nota você dá ao seu time, hoje? Vocês estão ganhando ou perdendo o jogo? Registre essas ponderações aqui e pense em como você pode trabalhar para melhorar esse cenário.

seu time de cima e pensar se está faltando alguma peça ou se alguma peça está fora do lugar.

Como em um jogo de futebol, quando o técnico avalia a escalação de seu time, vendo se precisa de um zagueiro, se está faltando um centroavante ou se o meio de campo não está funcionando. Seja em termos de peça ou de competência, é preciso pensar o que está faltando.

De repente, esse time tem um centroavante, mas ele não faz gol. Ou, então, tem um meio de campo, mas que não consegue fazer passe corretamente.

Por isso a palavra "time" é tão perfeita na Liderança Tridimensional, pois consiste em levar o líder a pensar o tempo inteiro em seu grupo como um time de jogadores, que deveriam exercer papéis e funções complementares, jogando todos juntos.

E além de jogar junto, esse time está ganhando o jogo? Se sim, está ganhando o jogo como? Chegando ao final sangrando, totalmente acabado, ou muito folgado? Por outro lado, se está perdendo o jogo, está perdendo como? Uma coisa é perder o jogo gritando, suando e tentando dentro de campo até o fim; outra bem diferente é perder se arrastando.

Provavelmente, tem uma análise de causa que vai revelar algumas oportunidades de melhorias importantes para o seu time, e é aí onde você deve se concentrar para atuar em cada um dos oito subsistemas da dimensão do líder de times, que veremos a seguir.

CAPÍTULO 4

MOBILIZAÇÃO

> O ser humano tem o hábito de corresponder.
> O mundo é recíproco.

Apoie e será apoiado!

Às vezes, você se nota tendo que ficar convencendo as pessoas a respeito de algo que elas precisam fazer? A sensação de um líder nessas horas é de estar o tempo todo abanando uma brasa para ela não se apagar, ou de ficar empurrando algo ladeira abaixo.

Se você também se sente assim na hora de movimentar um grupo de pessoas para fazer algo, é porque provavelmente a sua equipe não está devidamente mobilizada.

Sinais como esses mostram ao líder que ainda não há mobilização em seu time, e estar mobilizado com algo nada mais é do que envolver-se com uma causa. Ou seja, esse subsistema do líder de times tem a ver com causa, o propósito, com todo mundo estar junto.

Assim, mobilizar é conseguir colocar toda a equipe em prol de uma mesma causa, é como criar um inimigo em comum. Afinal, as pessoas querem se sentir fazendo parte de algo, trata-se de um desejo de pertencimento, indo além de apenas um escopo, de um conjunto de tarefas.

Para tanto, é preciso existir uma visão dentro de sua organização, pois, sem isso, dificilmente haverá mobilização por parte de sua equipe. Essa visão precisa, ainda, ter um alto potencial de mobilização, de modo a ser arrebatadora e provocadora, capaz de mobilizar as pessoas em torno dela.

Assim, essa visão mobilizadora deve se tornar a bandeira do líder. É responsabilidade dele levantá-la o tempo todo a fim de ser profícuo em pregá-la.

E costumo usar o verbo "pregar" quando me refiro a comunicar uma visão, em referência ao trabalho das igrejas de evangelizar pessoas. Afinal, a missão de uma instituição religiosa é conquistar fiéis, colocando-os em seus rituais para pregar a causa e a palavra.

Então, um líder deveria ter esse mesmo objetivo, de mobilizar fiéis em seu time pregando a visão da organização, criando uma consistência nessa crença em prol da causa em questão.

Nesse sentido, é importante lembrar que, sob uma interpretação e um sentido devidamente compartilhados, mobilizar não é apenas "comunicar e divulgar", não se trata somente de "pregar", mas, sim, de um esforço de comunicação importante que é a base para alinhar expectativas, visões e informações, garantindo que todos estejam conectados aos objetivos e que possam se transformar em mobilizadores.

Ou seja, isso significa convergência e ação! Você deve identificar os fatores mobilizadores e promover a conexão

CAPÍTULO 4

das expectativas dos seus *stakeholders* por meio do diálogo e da sua influência como líder.

Assim, costumo dizer que um dos indicadores da eficácia dessa mobilização é quando o seu grupo começa a pregar aquilo que você tanto pregou. Esse seja, talvez, o melhor sinal de que está funcionando!

Inclusive, quero compartilhar, aqui, um exemplo pessoal sobre isso que encontrei em minha sala, certa vez, que até me emocionou. Foi quando, ao chegar para trabalhar, encontrei um *post-it* de meu filho Arthur no quadro, com a mensagem: "Concentre-se no lado positivo, em vez de no lado negativo das coisas".

Esse foi um ato que ele tenha feito por contra própria, quando estava sozinho em minha sala, algo completamente espontâneo que ele resolveu fazer. Aí, é possível perceber que, de tanto pregar, o fiel acaba sendo catequizado e replica a mensagem.

Foi de tanto ele me ouvir falar sobre essa mensagem o tempo inteiro que se decidiu por deixar aquele bilhete para mim, sinal de que estou conseguindo replicar por meio dele a minha pregação.

Da mesma forma, o líder precisa insistir nisso para criar consistência em sua equipe, a fim de mobilizá-la convocando a vontade das pessoas que estão ali na busca de um propósito em comum.

Nesse ponto, há de se fazer uma reflexão importante: pessoas mobilizadas para quê? A gente quer chegar aonde? Aonde isso vai nos levar?

É preciso que as pessoas do seu time tenham na ponta da língua quais são os seus principais objetivos. Então, um teste simples que todo líder poderia fazer é perguntar às principais pessoas do seu time quais são as suas prioridades e demandas.

Você já fez isso antes? Que tal testar? É hora de voltar à sua Jornada do Líder, ao final do livro na página 268, e realizar a atividade de número 14, dos *Big Goals*.

Será que você sabe quais são os *Big Goals* de sua organização ou de sua área? Eles foram devidamente informados à sua equipe? Ela está mobilizada em prol deles?

É hora de questionar os seus liderados e registrar a mobilização de seu time.

ENGAJAMENTO

> "Não foque em retenção de talentos. Como você vai reter alguém que não quer ficar?"

Você deve ter tido algumas surpresas questionando sua equipe a respeito dos objetivos de sua organização no exercício anterior, não é mesmo? Talvez, seja o momento

CAPÍTULO 4

de fazer o seu time se voltar àquilo que é realmente importante na sua empresa.

Mas como fazer alguém querer algo? Sentir vontade de alguma coisa? Talvez essa seja a principal questão a ser desvendada por um líder de times. Afinal, diferentemente da mobilização, que está muito mais ligada à ação, o engajamento trata de sentimento.

Mas como o líder diferencia se uma pessoa está mobilizada ou engajada? Um caminho possível para isso é diferenciar o quanto uma equipe é proativa ou reativa. Afinal, quantas vezes você precisa "startar" um processo e quantos % desses processos são "startados" sem você ter de demandar?

Ou seja, engajamento tem a ver com sentimento e pensamento, então, se sua equipe for altamente engajada, provavelmente você terá sua equipe pensando, mesmo que não tenha sido pedido, será uma equipe que sente o que precisa ser feito, mesmo sem ser estimulada pelo líder.

Dessa forma, fazendo mais uma vez uma comparação com o subsistema anterior, na mobilização se faz necessária a figura da liderança, é possível ver o líder por trás gerando a ação. Já no engajamento é possível ver um grupo determinado a querer fazer algo acontecer, mesmo sem a presença do líder.

Afinal, quando tratamos de mobilização, não precisamos, necessariamente, que o engajamento esteja plenamente presente, pois pessoas sempre seguirão pessoas, muitas vezes até porque todo mundo segue.

Mesmo sem um motivo aparente, é natural do ser humano achar melhor seguir alguém, que parece saber aonde está indo, do que ficar parado. Por outro lado, quando as pessoas estão engajadas na causa e no propósito, não estão agindo por agir, elas estão também pensando e sentindo.

Em suma, reforçando o questionamento inicial deste capítulo, engajamento é fazer as pessoas quererem fazer, quererem estar ali, criando e contribuindo. Por isso que sempre digo para o líder não focar em reter talentos, algo tão falado pelo mercado; pois, como você vai reter alguém que não deseja ficar?

Segurar alguém na equipe, assim, é possível apenas por um tempo, até alguém oferecer algo melhor. É preciso, na verdade, criar condições para a pessoa querer ficar e se envolver onde está. Engajamento tem a ver com envolvimento.

É mais ou menos como analisar a relação que um time estabelece com uma meta de vendas. Quando, por exemplo, uma empresa precisa faturar seus 80 milhões para bater a meta anual. Se há uma equipe mobilizada, sempre haverá o líder à frente puxando o coro, incentivando "vamos para cima, vamos juntos!".

CAPÍTULO 4

Por outro lado, pode ser que você tenha apenas dez pessoas em um alto nível de engajamento, mas serão dez pessoas pensando "como é que a gente vai fazer para a empresa garantir os 80 milhões? Como vamos melhorar a maneira de fazer isso?".

Ou seja, elas querem fazer, por si próprias, pois se sentem parte de um todo, não como integrantes que são peças frias, meras engrenagens mecânicas, mas um elemento orgânico dentro de um sistema vivo.

Nesse sentido, é preciso que o líder saiba identificar quantos % de sua equipe estão nesse nível de engajamento, fazendo uma divisão clara entre os engajados, os não engajados e os ativamente desengajados.

Dentre esses perfis, os ativamente desengajados são, talvez, os que merecem mais atenção por parte do líder, tamanho o risco que representam à organização.

Eles são os famosos "sabotadores", os quais costumo relacionar à imagem de um pica-pau fazendo parte da Arca de Noé. Ou seja, todos os animais no mesmo barco, dependendo dele para sobreviver, enquanto o pica-pau se empenha em furá-lo por todas as partes para poder alimentar apenas a si mesmo.

Essa metáfora é muito comum de ser vista em qualquer empresa. Você mesmo, como líder, deve estar se lembrando, neste momento, de alguns sabotadores que fazem parte de sua equipe. Muitas vezes, inclusive, esse perfil é alguém que alcança resultados acima da média, é um grande entregador, mas representa um vírus para o restante do time.

Nesse caso, é preciso coragem para expurgar esse vírus. Muitos líderes, diante de uma situação como essa, argumentam que conversar com um perfil desse tipo pode resolver a situação. Eu discordo e acho difícil. Afinal, você vai conseguir fazer o Darth Vader voltar a ser o Anakin Skywalker? Provavelmente não[*].

É necessário, então, que se tenha coragem de dizer que vai pagar o preço e mandar o sabotador embora. Se esse é o seu caso, lembre-se, não são as pessoas demitidas que fazem de você alguém infeliz, mas, sim, as pessoas que você não demite.

E entre os ativamente desengajados e os engajados, há os que simplesmente não estão engajados. Apesar de eles não terem o mesmo nível de nocividade que os sabotadores, são perfis passivos que costumam assistir às coisas ao seu redor darem errado como se não fizessem parte do todo.

---
[*] A diferença entre uma lâmpada apagada e uma queimada é que a apagada ainda pode ser acesa, já a queimada precisa ser trocada. Nesta nota de rodapé, reflita: quais são as lâmpadas apagadas do seu time? E quais são as queimadas? Registre-as aqui e pense: tem lhe faltado coragem para tomar as devidas decisões?

CAPÍTULO 4

Para ilustrá-los, costumo usar a imagem de um barco afundando, em que na ponta já quase submersa estão as pessoas dispostas a tirar o máximo de água que podem para a embarcação não terminar de afundar; enquanto na outra ponta, a que ainda está fora da água, estão os não engajados, suspirando aliviados com o pensamento "ainda bem que o problema não é nosso".

Ou seja, por mais que eles integrem o todo que está com um problema a ser resolvido, os não engajados se comportam como se não tivessem nada a ver com aquilo, ainda que o barco ocupado por eles afunde e os leve consigo. Quem nunca ouviu esse perfil proclamar a frase "eu só trabalho aqui"?

Sendo assim, o que desejamos cada vez mais, como líderes, são pessoas engajadas, de fato, seduzidas pelo negócio, empenhadas nas atividades, comprometidas com a empresa e alinhadas com os valores e os princípios da organização. Em suma, pessoas com comprometimento!

MOTIVAÇÃO

O homem que precisa ser persuadido a agir não é um homem de ação. Você tem de ser empurrado?

Esse subsistema representa um clichê frequentemente repetido nas organizações, que é a raiz da palavra "motivação", que consiste em "motivo para ação". Representa também uma justificativa bastante repetida por colaboradores sobre o porquê de não desempenharem bem o seu papel, alegando que estão desmotivados.

Mas, na verdade, motivação é um fator muito mais intrínseco, e o líder não deve ser visto como um responsável solitário por motivar uma legião de pessoas, afinal, como já falamos anteriormente, a imagem do líder como um "messias" possui pouca representatividade.

Dessa forma, o que é, sim, possível de ser feito pelo líder é estimular as pessoas por meio de seus fatores emocionais, sendo o mais competente possível em encontrar estímulos adequados que conversem com tais fatores. Esse pode ser o caminho para o líder diante daquela discussão antiga sobre "alguém é capaz de motivar uma pessoa?".

Nesse sentido, é preciso lembrar que todas as pessoas possuem altos e baixos durante todos os dias, afinal, é comum para um ser humano ter momentos de queda e momentos de pico. Aliás, o que diferencia um ser humano diagnosticado com bipolaridade de alguém sem esse tipo de problema é justamente a frequência dessa oscilação entre o pico e o vale, e o quanto de tempo se passa em cada um desses lugares.

Podemos chamar essas situações de estados emocionais, que podem ser fortalecedores, como a coragem, ou

CAPÍTULO 4

enfraquecedores, como o medo. Para isso, todos nós temos gatilhos responsáveis por disparar tais estados.

Por exemplo, sofrer uma crítica em público pode ser um gatilho que dispare em uma pessoa o estado emocional enfraquecedor de desânimo ou de insegurança. Do mesmo modo, saber o que precisa acontecer para uma pessoa se sentir entusiasmada é essencial como gatilho para disparar o seu estado emocional fortalecedor.

Por isso é tão importante que todo membro de uma equipe seja autogerenciável, a fim de saber o que dispara seus estados emocionais para o bem ou para o mal. Se alguém sabe que precisa ser elogiado em público para se sentir motivado, por exemplo, deve então buscar esse elogio e trabalhar para isso.

Aqui, cabe mais uma vez o que destaquei no início deste livro, sobre o acordo entre líder e liderado, sobre como quer ser liderado. Pois a expectativa pelo que faz alguém se sentir bem também deve ser de conhecimento do líder.

Afinal, ele é corresponsável nessa busca pela motivação de seu time, procurando descobrir quais são os estados emocionais mais frequentes. Tendo conhecimento disso, ele terá de identificar quais são os gatilhos que os disparam em sua equipe.

E, por fim, o líder deve entender quais podem ser as válvulas de escape que poderá utilizar quando se trata de um estado emocional enfraquecedor, e quais são as alavancas a serem usadas para intensificar um estado emocional fortalecedor.

O LÍDER 3D

O líder, inclusive, pode começar essa reflexão por si mesmo. Eu, por exemplo, sou consultor e palestrante e já me deparei com alguns fracassos ao longo do caminho, algo normal com que todos nós temos de lidar em algum momento de nossa carreira.

Nesses dias de fracasso, sentimo-nos mal e ficamos nos achando as piores pessoas. Aí entra a minha válvula de escape. Para recordar todas as outras experiências positivas que tive, eu acesso uma pasta em meu computador chamada "citações", em que reúno centenas de *e-mails* com elogios de clientes enviados espontaneamente a mim, em reconhecimento dos resultados alcançados.

Afinal, não posso deixar que um gol que eu tomei destrua uma carreira com centenas de defesas brilhantes. Mas preciso reconhecer que um erro pode acontecer e é crucial saber como escapar disso, usando uma válvula de escape.

Você, certamente, também deve ter a sua válvula de escape. E mais, os membros da sua equipe também possuem válvulas de escape para estados emocionais enfraquecedores e alavancas para os estados emocionais fortalecedores. Você sabe quais são elas[*]?

---

[*] Nenhum homem que não domine a si mesmo é livre! Você realmente tem autogestão? Nesta nota de rodapé, convido você a fazer um inventário dos seus estados emocionais, identificando quais são os fortalecedores e os enfraquecedores. Diante deles, reflita: quais são os gatilhos que os acionam? E as válvulas de escape e alavancas que você usa para eles?

CAPÍTULO 4

A verdade, então, é que o líder precisa entender o material humano que tem em mãos e passar a enxergar como essas pessoas funcionam, detectando os estados emocionais presentes em cada uma delas.

Dessa forma, o líder poderá ser cauteloso para não disparar nenhum gatilho que deflagre um estado emocional enfraquecedor em seu liderado. E, do mesmo modo, poderá ajudá-lo, criando válvulas de escape.

Para isso, como o líder pode medir a motivação dos seus liderados? Normalmente, por meio de elementos intangíveis como energia, atitude e comportamento. Observando as pessoas de sua equipe diante dos seus desafios e rotinas, poderá identificar traços que dão pistas de sua motivação ou desmotivação.

Por exemplo, deparar-se com pessoas que saem religiosamente em seu horário de trabalho ainda tendo pequenas coisas que poderiam ser finalizadas ou demandas para serem concluídas, esse poderia ser um traço de desmotivação?

Ou, ainda, pessoas que se contentam em cumprir apenas o mínimo desejado, será que estão motivadas? Todos esses sinais podem ser pistas sobre a motivação de alguém, mas o líder não pode concluir de forma precoce que uma coisa significa outra porque não se trata de uma relação direta de causa e efeito.

O LÍDER 3D

O líder deveria, então, atentar-se aos elementos que sinalizam a motivação de seu time, desde os mais simples indicadores, como sorriso, brilho nos olhos ou tom de voz, até ser capaz de identificar quais são os fatores motivadores e desmotivadores dentro de seu ambiente.

Sobre isso, o conhecido conceito da pirâmide de Maslow* aponta, basicamente, para dois grupos de fatores, os chamados higiênicos e os motivadores. Os higiênicos são aqueles cuja presença não motiva, mas a falta deles serve para desmotivar.

É como convidar alguém para trabalhar em um lugar em que há ar-condicionado, argumento esse que não irá servir para motivar alguém, mas que, caso não tenha, atuará como fator desmotivador.

Já os fatores motivadores, por sua vez, são os que têm a capacidade de preencher um conjunto de necessidades intrínsecas que todo ser humano possui, relacionadas à segurança, relacionamento e autoestima.

---

* Abraham Maslow (1908-1970) foi um psicólogo americano que se tornou amplamente conhecido, dentre outros estudos, pela teoria da hierarquia das necessidades humanas, em que elencou, no formato de uma pirâmide, os degraus consecutivos para toda pessoa se sentir plenamente feliz, na seguinte ordem de necessidades: fisiológicas, de segurança, de relacionamento, de estima e, finalmente, as de realização pessoal. Segundo ele, um ser humano só pode alcançar o topo dessa pirâmide, com a realização pessoal, se estiver completamente saciado em todos os níveis anteriores.

CAPÍTULO 4

Nesse sentido, há pessoas que possuem necessidade de segurança, e se, diante delas, o líder oferecer frequentemente exposição e risco, acabará indo contra a sua natureza, desmotivando-as.

Nesse caso, por exemplo, pode haver duas propostas de trabalho: dois mil reais por mês de fixo e zero de variável ou quinhentos reais por mês de fixo e até cinco mil de variável.

Alguém com necessidade de segurança certamente optará pela primeira proposta, pois para essa pessoa o melhor é não correr riscos, ter carteira assinada e ganhar benefícios.

Então, é importante que o líder pergunte isso ao seu liderado, para não acontecer de ambos estarem em páginas diferentes, com um querendo ganhar dinheiro e o outro focando na carreira. Assim, se o líder conhecer o seu liderado, não precisará caminhar pela via do erro e acerto.

Portanto, a motivação envolve fenômenos emocionais, biológicos e sociais, e é responsável por iniciar, direcionar e manter comportamentos relacionados ao cumprimento de objetivos.

Existe, então, a motivação intrínseca ou automotivação, que é a capacidade do indivíduo de se motivar ou se desmotivar, e a motivação extrínseca, que é a gerada pelo ambiente ao seu redor e suas relações.

Diante disso, podemos afirmar que esse subsistema fica sob a responsabilidade da parte mais intuitiva e empírica do líder, evidenciando a importância de se fazer um planejamento motivacional.

Nesse planejamento, o líder precisa registrar o que deveria fazer com cada pessoa do seu time, a cada quanto tempo, para acender um pouco a brasa dos seus liderados. Além disso, identificar o que motiva e desmotiva cada um, para mostrar a essas pessoas que elas estão seguras ou que estão sendo reconhecidas, a depender de cada caso.

Então, pense agora em sua equipe. Quais são os fatores motivacionais de cada membro do seu time? Quais são os gatilhos que os disparam? O que você pode fazer nos próximos trinta dias para acertar em cheio ao apertar o botão da motivação dos seus liderados?

Nas atividades 15 e 16 de sua Jornada do Líder, disponíveis nas páginas 270 e 274, você poderá construir o mapa motivacional do seu time.

COORDENAÇÃO

"É certo dar uma mãozinha a alguém, mas o difícil é fazer largar dela. Você já capturou a sua autonomia?"

CAPÍTULO 4

"Quando eu não estou presente, nada funciona nesta empresa!". Quantas vezes você já ouviu essa afirmação na sua organização? Ou melhor, quantas vezes você mesmo já a usou?

Nesse sentido, todo líder deveria se preocupar em entender claramente qual é o nível de dependência que o seu time tem dele, para verificar qual é a coordenação existente entre os seus membros e se eles possuem capacidade para trabalhar sem supervisão alta.

Afinal, um grupo, para ser considerado um verdadeiro time, tem de possuir capacidade de trabalhar em conjunto sem a presença do líder, sem a necessidade de uma figura de poder demandando tarefas e ações o tempo todo.

Porém, a falta de coordenação entre pessoas, processos e atividades é, com frequência, o principal ofensor de produtividade de um grupo.

Além disso, a ausência de liga e fusão entre os membros de uma equipe pode ser considerada uma das principais causas da dificuldade de coordenação.

Nesses casos, quando o líder não está, as coisas simplesmente não fluem, justamente por não ter alguém garantindo a integração correta entre os membros presentes, coordenando-os.

É como acontece em uma manada de búfalos, em que todos se perdem quando o líder do seu bando desaparece. Eles são animais conhecidos por serem seguidores fiéis e absolutos de seu líder, sentindo-se completamente desorientados quando esse líder não está.

E por ser o centro do poder de sua manada, é que o líder dos búfalos se tornou o alvo principal dos primeiros colonizadores da América do Norte, que, ao perceberem esse fenômeno da natureza, conseguiram acabar com várias manadas de búfalos facilmente, apenas matando seus líderes.

Sem eles, os demais animais simplesmente ficavam sem saber para onde ir e se tornavam um alvo fácil e vulnerável. Você nota alguma semelhança no comportamento dos búfalos com o da sua equipe[*]?

Então, analisando e entendendo qual é o nível de dependência que seu time tem de você, é necessário avaliar o porquê de isso acontecer.

Ou seja, qual é a causa dessa dependência? As coisas não acontecem quando você não está presente porque as pessoas não sabem o que devem fazer? Ou, então, elas sabem

---

[*] No livro "*O voo do búfalo*", os autores James A. Belasco e Ralph C. Stayer fazem alusão à dependência que a manada de búfalos possui de seu líder, comparando-a a outro fenômeno da natureza, o do voo dos gansos, que voam em V e mudam sua liderança com frequência, revezando-se na coordenação de seu grupo ao longo do trajeto. Ou seja, cada ganso é responsável por si mesmo conforme a estrutura do voo muda, alternando os papéis do grupo, inclusive para a posição de liderança. E então, você lidera búfalos ou gansos em sua equipe?

CAPÍTULO 4

o que precisam fazer, mas falta autonomia para isso? O que está faltando para as coisas andarem sem a sua presença?

A partir disso, o líder precisa montar o seu próprio tabuleiro de xadrez, posicionando todas as peças em seus melhores lugares. Afinal, quando o líder não está, quem são os jogadores que assumem a frente? Está faltando alguma peça para isso?

A ideia, então, é que o grupo consiga se coordenar, de modo que um membro passe o bastão para o outro, interagindo entre si, a fim de garantir que todas as coisas estejam sendo feitas.

Por isso, pense em quem são as suas peças-chave para isso acontecer. Pode ser um suplente, um vice-líder ou até um articulador, mas garanta a complementaridade de papéis, atribuições e *skills* entre os membros do seu grupo.

Dessa forma, você terá a coordenação entre eles acontecendo mesmo sem você por perto, e esse seria um ótimo indicador de um time maduro, funcionalmente e psicologicamente falando, pois o time criará o senso do "olhar do dono", ganhando autonomia e responsabilidade.

DELEGAÇÃO

> "Tenha clareza de decisão! O homem que hesita ao decidir transmite insegurança e não é efetivo na mobilização dos demais."

"Faça isso e não vou mais poder acompanhar". Você consegue se lembrar de quando foi a última vez que falou essa frase para o seu time? Certamente, delegar não deve ser uma tarefa fácil para você, assim como para tantos outros líderes.

Isso porque um dos mais graves problemas organizacionais é o chamado "gargalo da liderança", que é quando um líder se vê sufocado em meio a uma infinidade de tarefas e decisões a serem tomadas, justamente por sua dificuldade de delegar ou pela falta de condições para a delegação por questões como engajamento, competências ou estruturas.

Ao ler isso, no entanto, provavelmente você deve estar encarando a tal "dificuldade de delegação" com ironia, recordando-se de quantas vezes sua equipe precisou da sua presença para tomar decisões ou até mesmo definir uma série de detalhes.

Isso é muito comum. A dificuldade de confiar plenamente na equipe, por falta de uma contrapartida segura dessa equipe, é uma das principais justificativas apresentadas pelos líderes para não delegar.

Contudo, é preciso que o líder entenda a necessidade de criar situações de aprendizado com seu time, pois esse é um processo que não depende única e exclusivamente da liderança.

Nesse sentido, uma atitude muito comum por parte dos líderes é sempre salvar a situação, chegando no último instante da urgência. Esses são os que eu costumo chamar de

CAPÍTULO 4

líderes "desarmadores de bombas", aqueles que aparecem no último segundo para cortar o "fio vermelho".

O problema desse perfil de líder é, sobretudo, o que ele gera na equipe. Pois, seguros da chegada de seu líder para sempre desarmar a bomba prestes a explodir, os liderados se acostumam a esperar por ele. Então, em vez de resolverem o problema em questão, adotam a postura "espera, daqui a pouco ele chega e resolve".

Porém, uma hora o líder pode não chegar, o tempo passará, o cliente continuará esperando e, assim, a equipe terá de desarmar a bomba por si própria. A consequência dessas situações é, então, tornar o grupo acéfalo, pois ele sempre esperará pelo seu líder.

Portanto, para estimular o desenvolvimento da maturidade do time e, assim, poder delegar com segurança, é necessário permitir que algumas bombas explodam. É isso mesmo! São aquelas que chamo de bombas de efeito moral.

São situações de riscos mínimos que permitem essa ação. Portanto, não corte todos os fios vermelhos para a sua equipe. Permita o choque para a mudança de comportamento necessária!

Daí a importância desse subsistema para o líder de times, pois se o líder sempre tiver de passar horas dando direcionamento sobre como executar as tarefas da empresa, é melhor que ele mesmo as faça no fim das contas.

O LÍDER 3D

Por isso, delegar é tão importante, para que sua equipe não confunda *input* e direção com "pegar pela mão".

Afinal, um bom time tem pessoas com competências, papéis, atribuições e responsabilidades complementares, o que permite à liderança delegar tarefas e atividades específicas para os membros do time que tenham mais nível de interesse, competência e *accountability* para fazê-lo.

Só assim você livrará o seu time da dependência que ele supostamente tem da sua presença. Inclusive, um excesso de dependência do grupo com sua liderança é um sintoma de que ele ainda não é plenamente maduro.

E essa maturidade se deve a uma possibilidade grande de fatos. Pois pode ser que na equipe ainda não haja papéis, responsabilidades e atribuições bem definidos pelo líder. Ou, então, que não haja na equipe as competências específicas para preenchimento de cada papel.

Ou, ainda, pode ser que não haja o *empowerment* ideal para as pessoas fazerem o que deveriam fazer. Ou seja, se um líder é mais reativo do que proativo, é um sintoma clássico da falta de empoderamento das pessoas ao seu redor[*].

---

[*] Quão dependente o seu time é da liderança? Nesta nota de rodapé, classifique, de 0 a 10, qual é o nível de dependência que o seu time tem de você. E, numa outra perspectiva, classifique, também de 0 a 10, qual é o nível de empoderamento que você tem dado a essa mesma equipe. Por fim, reflita: como o ato de delegar mais poderia ajudar você a ajustar o alinhamento entre ambas as notas?

CAPÍTULO 4

Assim, pare de passar parte do seu tempo "apagando incêndios" e dê aos seus liderados a liberdade suficiente para realizar, criar, arriscar e até mesmo errar, permitindo condições e recursos bem dimensionados para promover a inovação.

Mais uma vez, o que você deve buscar aflorar em cada membro do seu time é o sentimento de "dono do negócio", fazendo com que eles se sintam responsáveis e com vontade de realizar e se orgulhar pelo seu feito.

Dessa forma, lembre-se, quanto mais insegura sua equipe se sentir, mais prudente ela será em suas ideias. Por outro lado, quanto mais segura sua equipe estiver, mais ousada será. Então, que tipo de equipe você deseja ter?

CULTURA DE TIME

Aqueles que mais reclamam são os que menos trabalham. Fique esperto, pois muita gente sabe disso.

Pense na seguinte situação: se você porventura contratar um profissional inadequado para integrar a sua equipe, pois contratações erradas podem acontecer, a sua equipe rejeita essa pessoa ou é contaminada por ela?

Ou seja, fazendo um paralelo com a conhecida linguagem popular, a "laranja podre" contaminaria a sua equipe ou seria expurgada por ela? Um vírus contaminaria a sua equipe ou ela tem seus anticorpos? Sua equipe é autoimune a conflitos?

Para responder a essas questões, o líder precisa avaliar o perfil de cada membro do seu time. Você mesmo já deve ter vivenciado essa experiência de trazer alguém errado para o seu time e sentir os efeitos disso.

No entanto, o fato é que essa nova pessoa, ao chegar, terá contato com a cultura da sua equipe. Afinal, é essa nova pessoa quem está chegando, ela é que será recebida pela empresa, e não o contrário, e toda vez que a gente entra em contato com uma empresa, seja pessoalmente, por uma ligação ou até pelo seu site, tem contato com a sua cultura.

Então, quando uma pessoa estabelece o primeiro contato com a sua organização, seja para trabalhar ou como um cliente, o que ela vê? Qualidade e exigência? Ou vê descuido e desleixo?

Essa percepção dependerá de uma série de fatores que manifestam a cultura daquele lugar, como o jeito com que as pessoas fazem as coisas ali, como elas falam, como se tratam e se movimentam, e até como olham e sorriem.

O fato é que cultura consiste no jeito como fazemos as coisas em determinado local, e ela pode ser boa ou ruim, pró ou contra a estimular ou desestimular pessoas. O líder, diante disso, deve ser o guardião da cultura de sua organização.

Para tanto, ele precisa levar em conta qual é essa cultura. É uma cultura de alto nível de tolerância ao erro? Ou é de um alto nível de conformismo? Diante disso, o líder também precisa pensar em qual cultura ele deseja ter em sua equipe.

CAPÍTULO 4

Pois as pessoas que trabalham com ele deverão acreditar para vivenciar essa cultura, a qual, se não fizer sentido para o profissional e não estiver conectada com seu entendimento racional e emocional, não será suficiente para fazê-lo acreditar nela e a praticar.

E, caso o líder não tenha os seus liderados acreditando e vivenciando a cultura desejada, será um herói solitário tentando mover uma montanha, porque todo o esforço que ele fará sozinho será desfeito pela cultura vigente e sustentada pelo seu time.

Assim, você pode ser um líder que faz um investimento de tempo violento em produtividade, mas tem em vigência uma cultura que prega baixa produtividade, e o seu posicionamento será, então, sabotado.

Por isso, é importante que o líder identifique o que ou quem está sabotando a cultura desejada.

Não adianta, por exemplo, o líder fazer um esforço enorme para ter a equipe ideal e, no fim, alguém disseminar pensamentos como "o líder está querendo fazer as coisas apenas do jeito dele, mas as pessoas podem fazer do jeito que quiserem, pois está bom do jeito que está".

Ou seja, o líder deveria fazer o nível de investimento adequado em seu componente cultural, a fim de não ter, o tempo inteiro, a própria cultura jogando contra ele e sabotando os seus planos.

O LÍDER 3D

É muito difícil, por exemplo, para o líder brasileiro estabelecer uma cultura de time de alta performance, no qual exista o pensamento de entrar em campo para ganhar absolutamente todas as partidas. Pois, no Brasil, a cultura mediana de execução sempre será bastante influente.

É essa cultura mediana que faz, por exemplo, um time de vendas pensar "por que farei dez visitas, se posso fazer oito?"; do mesmo modo, é também por isso que é tão raro vermos por aqui um time ganhando de sete a um.

Ou seja, a cultura está ligada ao que se vive e acredita, enquanto o clima de uma organização está ligado ao que se sente. E para melhorar o clima, é necessário alimentar o sentimento positivo em torno do que é praticado.

INTEGRAÇÃO

"Um navio ancorado está seguro, mas os navios não foram feitos para essa finalidade. Qual é a sua finalidade?"

Ao tratar desse subsistema, costumo ouvir meus clientes falarem sobre o quanto suas equipes se dão bem. Esse é um costume característico de nosso país, que costuma avaliar integração do ponto de vista relacional.

CAPÍTULO 4

Ou seja, para o brasileiro, "estar integrado" significa "se dar bem". Mas, na verdade, o crescimento passa pelo conflito de ideias, e a riqueza de uma equipe está justamente na diversidade de pontos de vista e formas de encontrar soluções diferentes para problemas comuns, gerando sinergia.

Assim, integração tem a ver com a capacidade de um grupo jogar junto, de acertar os passes, sabendo onde cada um está e estará no momento da jogada.

Trata-se da integração das funções das pessoas que estão trabalhando juntas, sobre o modo como a função de "A" se integra à função de "B", e assim por diante.

Nesse sentido, um dos exemplos mais complexos de integração que conheço é o da gestão de um aeroporto. Você já reparou em quantas operações acontecem, ao mesmo tempo, em todo o espaço de um aeroporto?

Para um local como esse funcionar, se faz necessário um nível pleno de integração funcional, algo que não é resolvido apenas na base do processo, pois processos garantem que um aeroporto não seja um lugar caótico, mas na hora H são as pessoas que destravam as coisas cujo processo não conseguiu resolver.

Pode ser um avião que ficou mais tempo no pátio do que deveria ou uma carga enroscada na hora de sair o avião, se as pessoas não trabalharem de forma sincronizada, as coisas certamente não acontecerão como deveriam.

O LÍDER 3D

Para isso, elas precisam necessariamente se dar bem? Não, muita gente nem se conhece, pois as equipes são mistas e itinerantes de acordo com os seus rodízios.

Por isso, é importante que as pessoas saibam quais são as funções umas das outras e como elas se acoplam, e o líder deve dar a devida ênfase à questão funcional, mostrando como a função de um funcionário se integra à função de outro.

Do contrário, muita coisa que poderia ser resolvida no nível do time volta a ser arbitrado pela liderança. Então, instaura-se um gargalo e, mais uma vez, tem-se o problema do líder sobrecarregado que não consegue delegar.

Dessa forma, com frequência os bons times medem seu nível de entrosamento e sua capacidade de se autogerir como equipe*.

E quando falo em "equipe", me refiro a um conceito diferente ao de "grupo". É importante diferenciar que "grupo" é um conjunto de pessoas com objetivos comuns, que geralmente se reúnem por afinidades.

---

* Muito da capacidade da equipe em se integrar vem do aprendizado que seus membros adquirem juntos. Nesta nota de rodapé, quero incentivar você a fazer com sua equipe, sempre ao final de um trabalho junto a ela, o que chamo de NENA – Nós Erramos, Nós Acertamos. Trata-se de uma avaliação crítica feita em grupo, que o ajudará a entender os erros e acertos de cada um, bem como visualizar quão integrada sua equipe está.

CAPÍTULO 4

Já "equipe" também é um conjunto de pessoas com objetivos comuns, mas atuando em prol do cumprimento de metas específicas, levando em conta as competências individuais de cada uma delas.

Então, avalie criticamente como líder: o que você tem em mãos, hoje, é um grupo ou uma equipe?

COMUNICAÇÃO

> "O silêncio do líder inspira respeito.
> Já a verborreia faz baixar seu prestígio."

Você já passou pela situação de, em uma conversa com um cliente, ficar sabendo por meio dele algo que deveria ter sido contado antes a você pela sua equipe?

Essa falta de comunicação dentro de uma empresa é clássica e acontece muito, sobretudo porque comunicação é uma área comumente negligenciada no Brasil.

Não é raro, por exemplo, um membro da equipe ficar sabendo pelo cliente que o projeto do qual ele é o comercial, responsável por abrir o *lead*, foi fechado. Ou seja, nem todas as partes foram informadas sobre um acontecimento importante, do qual toda a equipe deveria estar sabendo.

Nesse sentido, como líder, é fundamental que você analise se o seu time possui as informações essenciais que precisam ser compartilhadas para que todos tenham clareza a respeito do foco e das necessidades.

Mais do que isso, para que haja também alinhamento de objetivos e estratégias, e de desafios e prioridades. E, geralmente, a pouca importância dada pelos líderes à comunicação é a causa de muitos males dessa natureza.

Mas o líder precisa entender que a comunicação não é um processo que acontece sozinho, é necessário informar devidamente a equipe a respeito dos objetivos a serem alcançados e das prioridades estratégicas da área em questão.

E, mesmo com a informação compartilhada, cheque se sua equipe entendeu, de fato, o que foi dito. Afinal, informar não é comunicar. Ou seja, verifique com o seu time: "você entendeu? Sim? Então, explique-me!". Ouça o *feedback* e faça *double check* se for preciso.

Isso porque todo processo de comunicação envolve a parte que comunica (emissor) e a que recebe a mensagem (receptor). Ao decodificar essa mensagem, o receptor a passa pelo seu filtro próprio, a fim de fazer o seu entendimento.

É aí que entra a importância do *feedback* nesse processo, para que você possa averiguar se sua mensagem foi realmente entendida como você queria. Então, sempre faça este

CAPÍTULO 4

teste com seu time: você conseguiria me explicar quais são os objetivos de nossa área pelos próximos meses?

Além disso, não é só comunicando e checando o entendimento de sua equipe que um líder será eficaz nesse subsistema. Pois, quando se trata de uma equipe, a forma e frequência da comunicação são mais importantes do que o conteúdo da mensagem.

Assim, é essencial se comunicar da forma correta, pois sua postura, a entonação de sua voz e a quantidade de contatos terão mais peso do que a mensagem a ser passada.

Trata-se daquela verdade maior: o impacto da comunicação não está apenas "no que" se fala, mas em "como" se fala; e a responsabilidade pela comunicação, invariavelmente, sempre será de quem deseja comunicar algo.

Por outro lado, há quem confunda liderar com falar, mas, na verdade, aquilo que você é pode falar tão alto que os outros não conseguirão ouvir o que você diz. Ou seja, é importante sua equipe conseguir perceber em você aquilo que você deseja que seja percebido.

Sendo assim, lembre-se sempre de que comunicação não é intenção, mas resultado. Por isso, não caia no erro de achar que ação demandada é ação realizada ou que e-mail enviado é garantia de e-mail lido, sequer compreendido.

Comunicar bem, então, não é só transmitir ou só receber informação; comunicação é troca de entendimento, e ninguém entende ninguém sem considerar, além das palavras,

O LÍDER 3D

as emoções e a situação em que fazemos a tentativa de tornar comuns os conhecimentos, ideias, instruções ou qualquer outra mensagem, seja ela verbal, escrita ou corporal.

Assim, é tarefa do líder cascatear as informações relevantes do nível estratégico para o operacional e combater as suposições que emanam pela falta de informação ou falta de compreensão dela.

Para isso, algumas habilidades precisam ser desenvolvidas por ele, como saber ouvir, ter empatia, ser assertivo, adequar-se à linguagem em questão e, acima de tudo, sempre manter o respeito.

Vamos avaliar como você altera o seu comportamento de comunicação? Na Jornada do Líder, na atividade de número 17, disponível na página 276, você poderá avaliar como reage em diversas situações diante de um relacionamento doloroso e de um agradável. Vejamos quais situações você precisará trabalhar.

AS PRINCIPAIS ISSUES DO LÍDER DE TIMES

Finalizando mais esta dimensão do Líder 3D, levando em conta cada subsistema que vimos até aqui, quero lhe apresentar as principais *issues* do líder de times:

- Alinhamento de expectativas e prioridades
- Comunicação 360°

CAPÍTULO 4

- Engajamento e retenção
- Clima e cultura
- Estímulo e incentivo via meritocracia
- Motivos sociais e motivação de times
- Comunicação funcional
- Intraempreendedorismo

Sendo assim, ciente de cada subsistema que compõe a dimensão do líder de times e com base em cada uma das suas *issues*, é importante voltar-nos a alguns perfis de líderes de times que devem ser evitados, como:

- **O construtor de impérios:** sonega recursos e subutiliza talentos.
- **O tirano:** cria um ambiente de tensão constante que inibe o raciocínio e capacidade da equipe.
- **O sabe-tudo:** suas instruções sempre servem para demonstrar o quanto ele sabe sobre determinado assunto.
- **O tomador de decisão:** toma decisões de forma abrupta e centralizada, gerando confusão na equipe.

Será que você se parece com algum desses perfis de líder de times? Que tal descobrir?

O LÍDER 3D

Na sua Jornada do Líder, você encontrará na página 276, sobre a efetividade na participação de uma equipe. Nela, há várias afirmações a seu respeito que você deve classificar se são bem parecidas com você ou não.

Após fazê-la, você poderá compartilhar essas mesmas afirmações com pelo menos três colegas de trabalho para fazer o mesmo que você. Ao final, o resultado indicará que tipo de líder de times você é.

Vá, agora, até sua Jornada do Líder e descubra mais sobre você e a sua liderança!

CAIU A FICHA?

O homem vai longe depois de estar cansado. Você já chegou ao seu limite? Não é hora de se reinventar?

Quais fichas caíram para você durante este capítulo? Empenhe-se em pensar sempre com ênfase na sua própria equipe!

5

O LÍDER COACH

NÃO TENHA NINGUÉM TRABALHANDO PARA VOCÊ QUE NÃO POSSUA A CAPACIDADE DE VIR A SER SEU SÓCIO.

CAPÍTULO 5

Você está preparado para impactar positivamente a vida de seus liderados? Está pronto para ser um líder que transforma as pessoas que passam pelas suas mãos?

Como vimos no início de nossa leitura, liderar é interferir seriamente na vida das pessoas, e é na dimensão do líder *coach* que você passará a ter uma profunda consciência disso.

Afinal, como fazer para desenvolver um indivíduo? Até aqui, você já viu os fundamentos de uma boa gestão e já aprendeu sobre a liderança de times, agora, na terceira dimensão da Liderança 3D, é hora de focar no desenvolvimento de cada pessoa que trabalha com você, é hora de tratar da importância de você pegar os seus liderados de um ponto inicial e ser capaz de levá-los a um novo ponto, de patamar mais elevado do que o anterior.

Tal transformação é importante, pois devemos entender que por trás de todo negócio, não importa de qual porte ou segmento, há seres humanos com seus sonhos, aspirações, dificuldades, medos e, sobretudo, um desejo de ser melhor.

E a posição de liderança deveria ser usada sempre como uma oportunidade de tornar melhores as pessoas que passam pelo seu contato, de modo que sua interferência na vida de cada uma dessas pessoas seja importante e significativa.

Essa é uma enorme responsabilidade, mas você deve assumi-la com uma postura de alegria, pois a dimensão do líder *coach* nos permite exercer esse papel de forma muito profissional e recompensadora.

Costumo comparar essa poderosa relação entre líder e liderado com a relação estabelecida com um *personal trainer*. Isso porque o *personal* é quem o aluno paga para fazê-lo treinar de modo que ele não executaria sozinho, para não o deixar se sabotar, ajudando com técnica e apoio.

Mas, para isso, o *personal* pode chegar a estressar o seu aluno, fazendo-o ir ao seu limite e a dar o máximo de si. Assim, o aluno pode chegar ao final de um treino cansado e esgotado, mas não decepcionado, pois o *personal* tirou o melhor dele, fazendo-o alcançar seu objetivo, tendo total clareza de que estava lá para isso.

Já imaginou se tivéssemos nas empresas essa mesma relação? Esse mesmo desejo e empenho? Ao lado de um *personal*, a pessoa pode, de fato, conseguir se transformar depois de algum tempo. Ela começa o treino com o desejo de melhorar seu corpo, ganhar mais músculos ou ter mais qualidade de vida.

E se, do mesmo modo, ouvíssemos dos nossos liderados "eu quero melhorar", "eu quero ser grande" e "eu quero mudar de vida"? E é você, como líder, que poderá ajudá-lo no caminho para essa transformação.

No meio desse trajeto, é provável que seu liderado queira desistir ou perca o foco. Mas, tal qual o *personal trainer*,

CAPÍTULO 5

você estará lá, ao lado dele, garantindo que o treino para a transformação continue.

É esse o pensamento que quero estimular em você, caro líder, na relação com o seu liderado. Nesse sentido, tenha a consciência de que só conseguimos o melhor dos outros quando damos o melhor de nós mesmos! Por isso, entregue-se a essa experiência de ser um líder *coach* estudando, praticando e se desenvolvendo a cada dia.

Essa dedicação também é importante pelo simples fato de que uma organização não pode mais se dar ao luxo de ter, como eu costumo falar em minhas palestras, as "cabeças de obra" e as "mãos de obra", ou seja, não dá mais para ter em uma empresa aqueles que apenas planejam e os que apenas fazem.

Então, na essência, toda organização deve ou deveria se valer de cabeças sempre pensantes, de mais pessoas envolvidas no negócio e engajadas no desafio da empresa. Nesse sentido, o desenvolvimento humano passa a ser uma variável, muitas vezes, determinante do negócio, sobretudo em um tempo em que a gestão do conhecimento é altamente relevante.

Nessa realidade, vemos o componente do desenvolvimento humano ter mais relevância em negócios, por exemplo, da área de serviços, onde essa variável se torna imperativa. Porém, com maior ou menor relevância, qualquer modelo de negócio precisa incluir o fator humano em sua equação.

Para isso, algumas empresas já estão mais aculturadas ao desenvolvimento humano e outras nem tanto. Para as que ainda não estão, o desafio sempre será evidenciar qual é o impacto causado pelo baixo nível de conhecimento ou de desenvolvimento de seus funcionários nos resultados e operações da empresa.

Por outro lado, se a organização entende essa importância e a pratica no dia a dia, poderá fazer do desenvolvimento humano um fator crítico de sucesso e transformá-lo em vantagem competitiva, saindo à frente de concorrentes que ainda não se voltam a isso.

Mas também é preciso cuidado para que não se confunda o papel do líder *coach* como a solução para tudo, pois, justamente por considerá-lo tão relevante, algumas empresas acabam colocando tudo sob o chapéu do *coach* e atribuindo a isso uma série de situações que não estão relacionadas ao *coaching**.

Então, para as empresas não esperarem que o líder seja apenas *coach* e faça *coaching* o tempo inteiro, é importante

---

* Vale relembrar, aqui, a definição dos termos que estarão presentes em todo este capítulo: *coach* é o nome dado ao treinador, ao líder que conduz seu liderado; já *coachee* é o nome dado ao liderado, a quem deseja mudar de comportamento; e *coaching* é o nome dado ao processo realizado entre ambos, geralmente no formato de sessões que consistem em entrevistas, nas quais *coach* e *coachee* conversam por meio de perguntas e respostas.

CAPÍTULO 5

não confundir esse papel com algumas posturas normalmente adotadas pelos líderes, tais como dar respostas, conselhos e palpites, além do fato de que o líder também precisa, como vimos anteriormente, cuidar de outros aspectos da liderança, como gerir o negócio além das pessoas.

Por isso, é crucial entender que o líder, no processo de *coaching*, deve ser profissional na investigação de quais elementos estão fazendo com que seu liderado sabote a si mesmo, com o objetivo de estimulá-lo a ganhar impulso em seu desenvolvimento.

Desse modo, sempre que me pedem uma definição simplista do que é *coaching*, costumo responder que se trata de um grande, e até violento, acelerador de desenvolvimento, de conhecimento e de aprendizado, gerando, consequentemente, mudanças efetivas, e por isso é algo tão valioso.

Afinal, pense em como esse processo pode ajudar uma pessoa que, por exemplo, vem se sabotando por anos ou até décadas sem perceber e, então, poderá tomar consciência da situação limitante e finalmente mudar esse comportamento.

Justamente por isso é que o líder *coach* precisa se concentrar em fazer seu *coachee* adquirir consciência a respeito daquilo que ele faz ou deixa de fazer, ele precisa se dar conta do comportamento que o está impedindo de alcançar seus objetivos e resultados desejados.

Após isso, o segundo passo para um processo de *coaching* de sucesso é assumir a responsabilidade. Trata-se do liderado parar de culpar o chefe, uma economia ruim, um mercado difícil ou até mesmo o governo, para conseguir afirmar "eu sou o responsável por isso". Ou seja, ele precisa entender que é o único responsável por ainda não ter atingido seus objetivos.

E, por fim, essa aquisição de consciência e a posterior assunção de responsabilidade do *coachee* precisam gerar ação, medidas concretas e bem claras que resultem na mudança de comportamento desejada.

E, claro, transversalmente ao redor de tudo isso, há a consistência de manutenção desse processo, para que ele não se torne um "voo de galinha" e possa, de fato, levar o seu liderado adiante.

Assim, ao encontrar uma pessoa que passou por meses em um processo de *coaching*, a primeira coisa que você deverá ouvir dela é o que mudou em seu comportamento e quais objetivos conseguiu alcançar. Se essa pessoa não tiver a resposta, é sinal de que o processo não promoveu a mudança necessária.

Veja, é muito importante que você, enquanto líder *coach*, entenda a importância desse processo e seu resultado. Minha intenção, aqui, é ir além das orientações *by the book* sobre como estruturar um processo de *coaching*,

CAPÍTULO 5

a fim de que você entenda seu papel como acelerador da aquisição de consciência e de construção de aprendizado e de mudança.

E, para isso, você deve se libertar de muitos mitos existentes no mercado sobre *coaching* que costumam causar confusão a respeito desse processo. Um deles, bastante comum, é de o líder se basear em indicadores de popularidade para definir se está indo bem com seu *coachee*.

Na ânsia de ser um "líder querido" e colecionar estímulos de popularidade, o *coach* pode desviar seu foco da efetividade e cair no erro de querer acomodar e confortar seu liderado, em vez de incomodá-lo e modificá-lo. Ou, ainda, cair na tentação de se tornar um bom conselheiro.

Portanto, lembre-se sempre: você não é parceiro do seu liderado, mas, sim, da meta do seu liderado. Ou seja, seu foco precisa estar em tirá-lo do ponto A e levá-lo ao ponto B, ainda que isso custe, por vezes, a sua popularidade e seja preciso trazer à tona pontos de desconforto.

Dessa forma, o seu sucesso como *coach* só poderá ser medido por meio dos resultados do seu *coachee*. E, nesse sentido, não aceite nada menor do que a transformação das coisas!

Contudo, esse processo de construção de aprendizado e mudança de comportamento não se baseia apenas no processo de *coaching* em si. Há muito mais no que compete à alçada da dimensão de líder *coach*. Então, para ampliar o nosso pensamento, apresento também nesta dimensão algumas ponderações:

- Apenas falar é suficiente para treinar alguém?
- Você se frustra com erros repetidos de sua equipe mesmo depois de ter explicado várias vezes?
- Dar *feedback* é garantia de mudança de comportamento?
- As pessoas gostam de *feedback*? Gostam de treino?
- Um processo de mudança de comportamento é rápido ou lento?
- Quanto tempo alguém precisa para se tornar um *expert* em algo?
- As competências para fazer *coaching* são as mesmas da liderança?

A partir disso, também adentraremos nos subsistemas desta dimensão do Líder 3D.

ACOMPANHAMENTO

Quer saber como um leão caça?
Vá à selva, e não ao zoológico. Não dá para compreender o mercado de fora dele.

CAPÍTULO 5

Você quer ser um líder invisível ou inesquecível? Neste subsistema que trata do acompanhamento, talvez, seja o melhor momento para você se questionar sobre isso.

Afinal, é por meio do impacto de sua presença que o líder pode ajudar seus colaboradores com contribuições no dia a dia. Ou seja, o fato de o líder estar presente precisa, de fato, fazer a diferença e trazer relevância ao liderado.

Contudo, não confundamos essa presença ou o acompanhamento simplesmente com produtividade. Pois, para que a presença de um líder ao lado do seu colaborador em determinada atividade seja produtiva, se fazem necessários o devido método e a competência para executá-lo.

O que pode acontecer, nesse sentido, é que o líder, justamente por gozar de certo privilégio trazido naturalmente por sua posição e se acomodar na relação de hierarquia existente entre ele e liderado, acabe caindo no erro de achar que simplesmente a sua presença já seja o suficiente para trazer importância ao acompanhamento realizado.

No entanto, o líder não deve assumir o risco de não se preparar para essa investida de tempo que fará ao lado de seu colaborador. Do contrário, acabará se tornando aquilo que costumo chamar de "líder com fritas", ou seja, o líder que só acompanha, que apenas está fisicamente ao lado do liderado.

Desse modo, evite entrar no piloto automático e continuar repetindo as mesmas coisas nesses acompanhamentos, senão sua presença não terá impacto algum.

Uma vez, em um dos meus *workshops*, ouvi uma história interessante sobre esse assunto, que me fez refletir sobre a expectativa do liderado quando o líder o está acompanhando.

Um líder estava acompanhando o liderado e ficava o tempo todo ao telefone resolvendo problemas da equipe. De repente, seu telefone tocou e era o liderado que estava ao seu lado. Surpreso, perguntou: "Você está me ligando?". O liderado respondeu: "Sim, é a única forma de falar com você hoje".

Você já passou por alguma situação parecida com essa?

Portanto, concentre-se no fato de que, ao passar por seu liderado, o líder precisa impactar o seu modo de viver e fazer as coisas. Então, cada contato com a liderança deveria ajudar esse colaborador a avançar um pouco mais em direção aos seus objetivos de vida.

Para isso, o líder deveria ser um obcecado por produtividade, evitando ao máximo o apenas "estar junto" e, inclusive, fazendo uma autoanálise de como está usando o seu tempo enquanto acompanha uma pessoa.

Ele precisa pensar, então, em quantos acompanhamentos fez nos últimos meses, seja em atividades externas, de campo, ou nas intervenções internas na empresa, e avaliar o quanto as coisas mudaram com isso.

CAPÍTULO 5

Pois, se mesmo com esses acompanhamentos as coisas não evoluírem, esse é um sintoma de que o processo não está causando o devido impacto e, então, deveria ser revisto.

Será que isso acontece porque o seu *coachee* não tem potencial? Ou simplesmente porque ele não quer? Ou será que você, enquanto líder, não está exercendo exatamente o seu impacto?

Essa reflexão é importante porque, vale frisar, esforço não é resultado. Então, não adianta o líder se empenhar em acompanhar sua equipe várias vezes por semana se isso não trouxer, de fato, algum retorno na mudança de fazer as coisas melhorarem.

Esse é um paradigma a ser quebrado, pois muita gente deseja ser reconhecida pelo quanto se esforça em determinada função. Às vezes, a pessoa se frustra por trabalhar muito e querer ser reconhecida por isso, enquanto a liderança também se frustra do outro lado por esperar um resultado que não vem.

Portanto, pense nas pessoas de sua equipe e avalie o perfil e os resultados de cada uma delas. Afinal, há milhares de pessoas com alto potencial, mas potencial é algo que precisa ser transformado em resultado ou não valerá na prática. E o seu acompanhamento pode mudar isso.

Nesse sentido, costumo encontrar muitos líderes com a filosofia de procurar acompanhar quem mais precisa dele. Justamente com a intenção positiva de trabalhar as

O LÍDER 3D

pessoas de sua equipe que não estão entregando resultado, esquecem-se dos mais fortes e focam no acompanhamento dos mais fracos.

A esses líderes costumo dar o nome de "líder Robin Hood", em referência ao histórico personagem que tira dos ricos para dar aos pobres. Ou seja, esse tipo de líder acredita que os seus bons profissionais, entregadores de resultados, já não precisam de acompanhamento e, assim, tiram todo seu tempo deles para empregá-lo em quem ainda não tem resultados.

Porém, abandonando os mais fortes a fim de se dedicar apenas aos mais fracos, o líder acaba se esquecendo de que os seus mais fortes assim o são justamente por conta do sentimento que o reconhecimento por sua performance traz.

E esse reconhecimento por parte do líder é importante. Assim, se esses mais fortes se sentem abandonados ou órfãos, o líder terá de arcar, inclusive, com o risco perdê-los para a concorrência*.

Por isso, é importante, sim, encontrar uma estratégia de desenvolvimento desses indivíduos mais fracos, que

---

* Dê crédito a quem realmente merece! Nesta nota de rodapé, reflita: quem na sua equipe está credor e quem está devedor? Você tem sido um líder Robin Hood? Registre, aqui, pelo menos dois nomes de sua equipe que estão devedores e mais dois que estão credores. Depois, marque quantos acompanhamentos você dedicou a cada um deles no último mês. Por fim, mensure qual foi o resultado trazido por esses acompanhamentos deste mês para cá. Algo precisa ser mudado?

CAPÍTULO 5

demandam atenção por parte do líder, mas sem se esquecer de manter o acompanhamento também com os entregadores de resultados.

Então, você tem uma rotina de acompanhamento de seus liderados já planejada? Ou ainda precisa construir uma?

Na atividade 18 da sua Jornada do Líder você poderá destacar quais são as inerências e os fatores críticos de sucesso para um bom acompanhamento em sua equipe e quais são os processos que definem esse sucesso.

Vá, agora, para a página 279 e aproveite para rever seu acompanhamento ou criar um a ser colocado em prática a partir de hoje!

TREINAMENTO

"Algumas pessoas mudam de emprego, de cônjuge, de amigos, de empresa, mas nunca pensam em mudar si mesmas."

Ter de lidar com a situação de se deparar com o mesmo erro de um funcionário pela segunda ou terceira vez é bem frustrante para qualquer líder. Nessas horas, os líderes costumam se queixar da mesma forma: "Já expliquei como se faz várias vezes e eles continuam fazendo errado".

Pois é, provavelmente você também já tenha passado por isso. Porém, mesmo isso sendo verdade, costumo alertar a esses líderes de que falar não é treinar. Então, por mais que você cobre insistentemente a execução de sua equipe, não será suficiente para o modo correto acontecer.

Isso porque treinar consiste em o líder entender que, em vez de apenas "falar", é preciso assumir o papel de treinador e desenvolver as competências necessárias para desenvolver pessoas e negócios.

Nesse sentido, trata-se de uma alta responsabilidade que demanda preparação com técnicas, táticas, abordagens e uma série de soluções a fim de oferecer o exercício do treinamento e desenvolvimento.

Sendo assim, quais foram as iniciativas de treinamento que você, como líder, endereçou para sua equipe nos últimos meses? Consegue se lembrar de quantas foram?

Essa reflexão é importante para entender que este tema deve ser tratado por métodos e processos bem definidos. Afinal, é preciso garantir que o treinamento exista de maneira constante, a fim das pessoas permanecerem dentro do prumo e seus *gaps* de desempenho serem tratados por uma estratégia.

E na hora de garantir que esse treinamento exista, o líder pode se deparar com duas situações na prática, a depender de seu perfil.

CAPÍTULO 5

Uma dessas situações é a do líder que é um grande especialista em sua função e que pode ter sido promovido justamente pela sua exímia execução. Como abordamos anteriormente no capítulo sobre a identidade do líder, o desafio desse profissional é entender que, agora, ele é o líder e não mais o executor.

Desse modo, uma das dificuldades desse arquétipo é saber fazer muito bem o seu trabalho, mas não saber ensinar outros a fazer tão bem quanto ele. Nesse caso, é preciso adquirir competência para treinar, afinal, esse líder não poderá mais se dedicar à execução.

Já na outra situação de perfil de líder, tem-se justamente o contrário, pois é alguém que foi alçado à posição de liderança e não possui, às vezes, o mesmo nível de domínio ou de especialização naquela função que os seus liderados.

Nesse caso, o desafio é treinar profissionais tecnicamente mais preparados, gabaritados ou qualificados. É aí que o líder *coach* se apresenta, pois ele não precisa, necessariamente, ser um grande especialista técnico para treinar o seu liderado, mas, sim, saber interpretar as variáveis do processo.

Isso envolve o líder saber como identificar os parâmetros, KPIs*, índices de produtividade e métricas específicas

---

* KPI é a sigla, em inglês, para *Key Performance Indicator* (ou Indicador-chave de Performance, no português).

que indiquem se o trabalho realizado pelos especialistas está atendendo às expectativas de produção, eficiência e qualidade ou se merece algum tipo de melhoria.

E se houver necessidades de melhoria, o líder precisará desafiar os seus liderados na sua maneira de fazer as coisas. Uma das técnicas possíveis para isso é consultar os especialistas da organização, para que eles elaborem com o líder um processo baseado nas melhores práticas de seu mercado.

Ou, ainda, que esses especialistas se tornem multiplicadores de outras pessoas, treinando-as. Ou seja, para ser um treinador, um líder não precisa ser um especialista em todas as coisas, mas saber como proporcionar essas oportunidades de desenvolvimento aos seus liderados.

Outra técnica que o líder *coach* no papel de treinador pode fazer é enxergar quais são as competências complementares em sua equipe para montar um sistema de *cross training*. Assim, pessoas muito preparadas tecnicamente poderão ajudar as que ainda não estão muito bem preparadas.

O importante, então, é que o líder garanta processos de treinamento e desenvolvimento à sua equipe, de modo que ele não precise ser o único a treinar todo mundo, mas seja o responsável por instituir uma cultura e modelos de treinamento.

CAPÍTULO 5

CAPACITAÇÃO

> "Desperte a pessoa cansada que está dentro de você."

Sua equipe já atingiu o patamar de *performance* que você deseja? Certamente, você ainda pode desafiá-la a crescer mais em aspectos quantitativos e qualitativos.

Esse crescimento está atrelado a superar os problemas de desempenho que cada indivíduo encontra no exercício de sua função. Por isso, é importante que o líder eleja as prioridades de capacitação de cada membro de seu grupo e foque na sua qualificação.

Para essa capacitação acontecer, é preciso avaliar o conjunto de desafios e competências atrelados à função de cada colaborador. Afinal, cada função tem o seu próprio *job description*, com escopo e perfil de competências necessárias.

Então, o líder, ao contratar um profissional, avalia o seu perfil, levando isso em conta para, depois, identificar os *gaps* existentes no exercício funcional e elencar as prioridades de desenvolvimento para o colaborador.

Pode ser, por exemplo, que determinada função exija uma importante capacidade de planejamento que o profissional ainda não tenha, ou que não esteja atendendo como deveria. Ou, então, que a capacidade de pensamento estratégico seja prioritária, mas o profissional não a desenvolveu.

Por meio dessa análise, o líder poderá definir as prioridades de desenvolvimento a serem atingidas por cada colaborador e buscar a sua capacitação. E quando esse processo não é formal, baseado em um *job description*, também pode ocorrer informalmente.

Nesse caso, consistirá basicamente em uma conversa entre líder e liderado, avaliando alguns pontos, como: para exercer a sua função, de quais competências você acredita precisar? Quais são os problemas que você vem enfrentando para exercê-la? Quais são as barreiras que você não está conseguindo superar?

De posse dessas informações, o líder poderá avaliar quais são os recursos individuais que estão faltando no liderado para cumprir sua função, a fim de poder capacitá-lo.

Nesse sentido, será que os membros do seu time saberiam dizer precisamente quais são os aprendizados e áreas de desenvolvimento onde eles cresceram nos últimos meses?

É preciso encarar essa capacitação como uma caixa de ferramentas. Inclusive, uma citação antiga sobre isso é: "Se a única ferramenta que você tem é um martelo, tratará todo problema como prego".

Ou seja, ter apenas uma ferramenta disponível fará com que a pessoa passe a vida exercendo sua função da mesma

CAPÍTULO 5

maneira. E em um contexto de crise, de organizações enxugando suas equipes e exigindo que elas façam mais com menos, isso pode tornar o profissional menos competitivo.

Então, os membros de sua equipe precisam olhar para a sua própria caixa e ver quais ferramentas há nela. E avaliarem se elas são suficientes para fazer a obra ou o serviço que têm à frente. Se for preciso adquirir novas ferramentas, é nessa aquisição que a capacitação deve focar.

Essas ferramentas, então, podem ser várias: relacionamento interpessoal, planejamento, comunicação, habilidade de vender, dentre outras. A questão é que cada desafio vai exigir uma competência específica, mas a maioria das pessoas tem dificuldade de reconhecer isso.

Aí entra a importância do líder *coach* nesse papel, de ajudar a fazer essa identificação das prioridades de desenvolvimento individual e, depois, um trabalho consistente em cada uma delas.

Nesse trabalho de capacitação, não importa se a pessoa fará um autoestudo, se lerá livros a respeito do tema, se fará um processo de *mentoring* ou se fará cursos presenciais ou pela internet.

O importante é ter clareza do que será feito para essa capacitação acontecer, e acompanhá-la de perto, para ser possível avaliar quais foram as ferramentas adquiridas nos últimos meses.

O LÍDER 3D

Sendo assim, pensando na sua equipe, hoje, você seria capaz de avaliar pelo menos duas prioridades de capacitação em alguns dos seus principais membros?

Para isso, convido-lhe a ir para a sua Jornada do Líder, na página 280, e realizar a atividade de número 19. Nela, reflita: quais ferramentas estão faltando na caixa dos seus liderados?

PLANO DE DESENVOLVIMENTO INDIVIDUAL

> Não ter objetivos definidos é como viver sem compreender a urgência da vida. Mas ter objetivos equivocados é orientar a vida em função de algo que não será realizado.

Enquanto o treinamento e a capacitação estão mais voltados ao que o seu liderado faz dentro da organização, este subsistema trata de um plano de abordagem mais ampla, voltado à carreira do profissional.

Isso significa que o plano de desenvolvimento individual (PDI) tem por objetivo apoiar as aspirações pessoais dos membros do seu time, de forma a garantir que haja uma conexão realista entre elas e as expectativas da empresa.

Entender isso é importante porque o líder perceberá que o desenvolvimento das pessoas é o único caminho para construir resultados consistentes e duradouros em uma organização.

CAPÍTULO 5

E que, para esse desenvolvimento acontecer, deverá compreender todas as particularidades e desafios de cada membro de sua equipe, estabelecendo cumplicidade e compromisso com ele.

O PDI, então, será o plano que permitirá ao profissional enxergar como será sua trilha em busca do seu desenvolvimento pessoal. Afinal, o processo de desenvolvimento tende, por si só, a ser lento, e se tornará mais lento ainda se a pessoa não tiver um foco.

Por isso, uma pergunta importante para a qual todo membro do seu time deve ter a resposta na ponta da língua é: "Qual é o seu foco prioritário de desenvolvimento para os próximos seis meses?".

Se você questionar a sua equipe, verá que poucos possuem essa resposta de forma clara, pois é bastante comum encontrar pessoas vivendo perdidas com as máximas "sempre dá para melhorar" ou "sempre estou buscando melhorar".

Viver repetindo esses jargões do senso comum sem um foco definido por um plano consistente é como viver caminhando envolto por uma neblina, sem enxergar sequer quatro metros à sua frente, sem saber se está indo na direção correta e quiçá ver se em sua direção está vindo um caminhão para atingir você em cheio.

Ou seja, se não houver clareza de quais são os próximos passos e de por onde se está indo, provavelmente a pessoa ficará muito tempo desfocada, tornando seu desenvolvimento lento e letárgico.

A fim de evitar isso nos membros de seu time, o líder deve ser profícuo na capacidade de ajudá-los a definir seu foco, pois apenas batendo constantemente nas mesmas teclas, com a devida estratégia e consistência, é que será possível garantir o cumprimento de seus objetivos.

Assim, o PDI também será importante para evitar um erro comum que muitos cometem no sentido de oscilar em suas prioridades. É o caso, por exemplo, daquela pessoa em busca de aprender novos idiomas, que uma hora quer aprender inglês, dali a pouco quer falar chinês e, de repente, resolve estudar alemão.

Dessa forma, passam-se cinco anos e essa pessoa ainda não fala nenhuma dessas línguas fluentemente, pois não deu tempo e energia suficientes para suplantar determinado interesse.

Afinal, o desenvolvimento humano é sempre desafiador e requer um esforço dedicado. Ou seja, não se resolve coisas como problema de comunicação ou capacidade de planejamento de uma hora para outra, é preciso consistência para isso.

Portanto, a ideia é que o PDI do seu liderado permita a sua concentração, de modo a não o deixar se tornar superficial em uma série de coisas, mas, sim, muito bom em determinados pontos, principalmente nos que são críticos ao seu sucesso.

CAPÍTULO 5

Então, para garantir a consistência do PDI do seu colaborador, é crucial ser realista. Pois, ao definir uma meta, pode ser que, tomado pelo entusiasmo ou na ânsia de querer impressionar o seu líder, o liderado se coloque em uma situação impraticável.

É o caso, por exemplo, de uma pessoa que não costuma fazer exercício físico com frequência determinar para si passar a praticar atividades físicas cinco vezes na semana. Ora, se a pessoa nunca conseguiu fazer isso nos últimos seis meses, por que iria fazê-lo a partir de agora? Apenas porque quer?

Ou seja, em determinado momento você precisará questionar o plano do seu liderado, colocando-o em uma situação sem saída a fim de desconstruir o seu plano falso, com o objetivo de ajudá-lo a não fracassar novamente.

Por exemplo, ao ouvir do seu colaborador que o nível de comprometimento dele com determinado objetivo é "dez", é preciso contrapor questionando: "Então, a possibilidade de você não conseguir alcançar essa meta é zero, certo?". Ouça a resposta dele, deixe-o falar e avalie. A intenção é tirar a pessoa de sua zona de autossabotagem.

Além disso, o PDI também ajudará a pessoa a decidir o que NÃO fazer, pois o líder poderá auxiliá-la na definição de suas prioridades, levando em conta o que é mais determinante para o seu sucesso neste momento.

O LÍDER 3D

O colaborador pode, por exemplo, querer muito fazer um intercâmbio, pois acredita que isso o ajudará a desenvolver o idioma, ganhar repertório cultural e que é algo legal ou divertido. Porém, fazer intercâmbio, agora, pode não ser crítico à necessidade dessa pessoa, e focar nisso seria uma inversão de prioridades.

Portanto, o líder precisa ser contundente no foco do que é determinante para o momento atual de seu liderado. Afinal, não existe nada de errado em fazer intercâmbio, pode até ser algo *cool*, mas para se dedicar a isso todo o restante prioritário da agenda do liderado precisa estar em dia.

Inclusive, esse desejo a mais do colaborador pode ser um combustível no cumprimento do que é essencial, de forma que o líder coloque a realização desse desejo não prioritário atrelado ao cumprimento, primeiramente, dos objetivos fundamentais. Essa é uma estratégia de gestão de gente bastante eficaz.

O importante, de qualquer forma, é que o líder tenha precisão linguística ao se deparar com as escolhas de seu liderado na construção desse plano. Seja preciso, então, ao questionar: "Estou deixando claro para você quais são os riscos e os efeitos da sua decisão?".

Dessa forma, o liderado deverá entender o quanto escolher determinado caminho o distanciará ou o aproximará de seu objetivo final, é preciso que ele saiba claramente o

CAPÍTULO 5

quanto a sua decisão aumenta ou diminui a sua velocidade em direção ao que ele quer para sua vida. Assim, a responsabilidade sempre será de quem faz a escolha. Conheço, por exemplo, uma profissional que tinha de tudo para ser uma tenista de sucesso, mas que, ao fazer dezoito anos, optou por dedicar um tempo a simplesmente curtir a vida pelo mundo e não se dedicar a treinar todos os dias, como deveria ter feito para se desenvolver como tenista.

Essa foi a escolha dela. Depois disso, ela nunca mais conseguiu engrenar em seu treino e, hoje, sente-se um pouco frustrada por isso, assim como a maioria de nós, que, ao avaliar nossos caminhos trilhados, certamente teríamos tomado alguma decisão de modo diferente no passado.

É para isso que serve o líder *coach*, para ajudar um liderado a não passar por essa frustração. Afinal, há coisas que conseguimos consertar com o tempo, mas para outras podemos não ter tempo suficiente.

Então, é preciso avaliar qual é o custo das decisões grosseiramente desalinhadas com o objetivo final. Ou até mesmo das decisões irreversíveis. O líder precisa questionar isso de seu liderado. "Você está disposto a assumir esse risco?" e "você está consciente do impacto que isso gerará?". A função do líder, nesse sentido, é falar para a pessoa o que ela precisa ouvir.

Por fim, falando de modo prático, como o líder pode ajudar, então, o liderado a elaborar o seu PDI? Tudo começa por uma análise da situação atual, a fim de se criar um mapa com as metas desejadas e as competências a serem desenvolvidas.

Defina, assim, o plano de ação de como desenvolver essas competências para alcançar as respectivas metas, pontuando datas, resultados esperados e a forma de acompanhamento.

Vamos colocar isso no papel? Na atividade 20 da sua Jornada do Líder, disponível na página 281, você poderá construir o PDI dos seus liderados com um modelo fácil de ser colocado em prática.

Converse com seu time e aproveite esse modelo para começar agora a desenhar o desenvolvimento dos seus liderados!

FEEDBACK

"Você gosta de feedback? Então, quantos pediu nos últimos dias?"

Quando o assunto é *feedback*, é preciso repensar o conceito da palavra "gostar". Afinal, quem gosta de algo é porque sente prazer com aquilo e o corpo responde de forma a sentir deleite.

CAPÍTULO 5

Porém, não é exatamente essa a sensação que um *feedback* pode causar. Por exemplo, quando um orador ouve que sua apresentação foi ruim ou que deixou a desejar em algum ponto, ele provavelmente não sentirá prazer com aquilo.

Apesar disso, ele precisará dessa crítica para melhorar em algum ponto. Essa é a diferença crucial entre gostar e querer *feedback*. Pois, sem *feedback* não é possível enxergar um erro e, consequentemente, gerar mudança.

Assim, não é atípico que o *feedback* gere um ônus de perda de popularidade para a liderança, porque sendo essa ação uma alavanca de mudança de comportamento e não um gerador de prazer, é possível que o liderado fique até chateado por um tempo.

Se isso acontecer, no entanto, saiba que você pode ter acertado em cheio e seu *feedback* provocado um incômodo necessário. Pois, muitas vezes, o melhor *feedback* poderá provocar impacto no seu liderado.

A respeito disso, há muito romantismo, sobretudo da área de RH, em dizer que se for algo bem dado pode não ter efeito colateral ruim. E, realmente, pode ser que o risco seja menor, mas se o líder ficar sempre cheio de travas quando for dar *feedback*, dificilmente aprenderá a fazê-lo de forma elaborada.

E, além disso, se um líder nunca fracassou nessa tarefa ou nunca gerou certo desconforto em seus liderados é porque, provavelmente, também nunca ousou em seu *feedback* e nem foi um pouco mais disruptivo.

Para isso, há alguns caminhos possíveis, dependendo de cada líder. Há pessoas, por exemplo, que possuem um talento natural para dar *feedback* e o fazem tranquilamente. Já outros têm talentos de personalidade, como a serenidade, que muito ajudam nesse processo.

Mas, para os que não gozam de talento e nem de uma personalidade que favoreça o *feedback*, sobra-lhes a técnica, algo a ser aprendido no próprio dia a dia.

Contudo, para tal aprendizado, será preciso dar *feedback* na prática, libertando-se um pouco desse romantismo que costumam atribuir a esse momento, entendendo que esse processo envolve, muitas vezes, efeitos colaterais.

Nesse sentido, é importante destacar que, caso o líder não saiba dar *feedback*, não significa que ele seja um líder ruim. De modo algum! Trata-se de gerar massa crítica com o tempo e de testar possibilidades.

Por outro lado, saiba que em algum momento você precisará ousar um pouco mais. E, ao ousar, poderá cometer erros, dos quais só se dará conta ao sentir o seu impacto.

Nesse caso, o líder poderá, então, corrigir sua rota e, claro, deverá pagar o preço pelo seu erro. Afinal, uma habilidade ímpar de dar *feedback* só poderá ser a soma de todas as experiências adquiridas.

CAPÍTULO 5

Assim, um líder passará a fazer boas escolhas neste subsistema por meio do aprendizado resultante das más escolhas, e isso é algo natural.

A verdade, então, é que o *feedback* é um assunto que precisa ser tratado com uma visão menos politicamente correta, por vezes sustentada pelas organizações.

Pois, é esperado que ele gere, sim, alguns impactos, para não ser sempre morno. Sem isso, dificilmente será possível causar mudança no liderado, porque o valor de um *feedback* só poderá ser medido pelo resultado produzido.

Assim, vale lembrar que o *feedback* é algo vivo. Ou seja, quando o líder fala com seu liderado, ele reage, contrapõe e argumenta, e isso também vai influenciando o *feedback* do próprio líder. Nessa interação, há algumas reações mais comuns que podem ser esperadas.

Uma delas é o liderado começar a parar de ouvir com atenção o *feedback* que está sendo dado. Por outro lado, também pode acontecer de ele negar a validade do *feedback* ou, então, querer agredir o comunicador para se defender, apontando-lhe os erros.

Por isso, é importante, antes de dar o *feedback*, que você se prepare para isso, estudando o perfil do liderado com o qual vai falar, já se antecipando às possíveis reações mais comuns.

Além disso, sempre procure não só falar, como também ouvir ativamente o contraponto colocado e esclarecer por meio de fatos e dados o que você está tentando dizer.

O LÍDER 3D

Para isso, seja descritivo em vez de avaliativo, e específico em vez de generalista, sempre se dirigindo a comportamentos que o liderado possa modificar, evitando ao máximo uma postura defensiva frente à reação desse liderado.

Por fim, lembre-se de aceitar e agradecer a interação com o seu liderado, terminando com uma sugestão de mudança de comum acordo, após já terem passado pelo contexto exposto e pelo impacto gerado.

Mais uma vez, nada melhor do que colocar no papel o que estamos explanando aqui. Por isso, convido você a se mexer novamente, na atividade 21 da sua Jornada do Líder, disponível na página 283.

Nela, você poderá pensar em alguns dos membros mais importantes da sua equipe, montando uma estrutura de *feedback* que leve em conta o perfil de cada um deles, suas reações mais comuns e as possíveis abordagens frente a isso.

COACHING

"Coaching é um refinamento na arte de liderar."

Neste subsistema, falaremos dos processos e estruturas de *coaching*, e é importante termos esta visão para tratá-lo, de fato, como um processo.

CAPÍTULO 5

Afinal, *coaching* não é um evento em si, não é uma reunião ou um acompanhamento de campo, e tampouco um *feedback*.

Trata-se, então, justamente de uma estrutura e um processo, que permite ao líder planejar as sessões de *coaching* da mesma maneira com que planeja suas intervenções mais importantes e todas as outras atividades do seu trabalho.

Esta visão tem total sintonia com a origem do termo em inglês "*coach*", do mundo dos esportes, que designa o papel de treinador, preparador, "o técnico", como conhecemos.

Por isso, *coaching* é um relacionamento no qual uma pessoa se compromete a apoiar outra para atingir um determinado resultado, de modo que o *coach* deve ser parceiro da meta do seu *coachee*, invariavelmente.

Assim, o líder *coach* que as organizações tanto precisam é quem cria condições para os liderados aprenderem e se desenvolverem, aumentando sua iniciativa e criatividade.

O seu segredo, nessa perspectiva, está em contribuir para que o colaborador desenvolva as suas próprias soluções. Desse modo, líder e liderado se sentirão mais identificados e mais envolvidos no processo.

Para isso, há várias técnicas de *coaching* existentes. Aqui, abordarei uma que considero ser bastante prática e efetiva, a do método GROW, desenvolvido por Graham Alexander e popularizado por John Whitmore, cujo objetivo é conduzir reflexões e decisões por meio de passos simples.

Estes passos estão refletidos pela própria sigla GROW (G – *Goals*, R – *Reality*, O – *Options*, W – *Way-Foward*), que consistem em:

- **G – *Goal* (Definição do Objetivo)**

Quais são seus sonhos? Onde você quer estar daqui a um ano? Quais são suas metas para este mês? Essas são algumas das perguntas que abrem o processo de *coaching*.

Ou seja, nesta primeira etapa, é essencial começar com o objetivo do seu *coachee* e definir exatamente qual é o seu sonho de longo prazo, estabelecendo também metas específicas e menores, que são os passos em direção ao que se deseja.

Neste momento, então, é permitido sonhar, pensando em que o *coachee* gostaria que acontecesse em sua carreira, mas que não está acontecendo agora.

Há algumas técnicas, todavia, que começam pela realidade do *coachee* para, depois, pensar nos seus objetivos. Porém, esse caminho pode levar a pessoa a pensar em seus obstáculos antes de visualizar os seus objetivos maiores.

Portanto, para que as possíveis limitações não impeçam o seu liderado de sonhar, comece definindo seu foco antes de partir para a realidade de fato.

CAPÍTULO 5

- **R – *Reality* (Análise da Realidade)**

Com os objetivos definidos, é hora de conhecer a realidade do *coachee*, a fim de entender o que ele faz com que contribui para atingir as suas metas, bem como as ações que não contribuem para isso.

Nesse sentido, será preciso avaliar quais são os obstáculos existentes e o que está impedindo o *coachee* de atingir os seus objetivos, além de verificar quais são os resultados naquele momento.

Para isso, manter o foco positivo é essencial, a fim de se evitar a armadilha emocional da crítica excessiva. Direcione, então, suas perguntas para objetivos e obstáculos, em vez de se concentrar nos problemas e nas dificuldades.

- **O – *Options* (Desenvolvimento de Estratégias de Sucesso)**

Aqui, é preciso entender o que a pessoa está disposta a fazer para atingir seus objetivos. O que já funcionou com ela no passado? Quais são as melhores alternativas? Averiguar esses pontos ajudará o *coach* a estimular as ideias de seu *coachee*.

Nesse sentido, é importante que essas ideias se apresentem como um grande número de alternativas, pois as soluções mais originais geralmente surgem depois do esgotamento das opções mais comuns.

Para isso, procure entender o processo como um sistema, pois, quando se busca a "causa do problema", o que normalmente se faz é uma abordagem emocional, muitas vezes buscando culpados.

Se, em vez disso, o foco estiver nas ações e no ambiente que contribuem para a manutenção do obstáculo, mantém-se uma atitude dissociada, em um contexto mais amplo, facilitando o uso da criatividade para entender e resolver a questão.

•W – *Way-Foward* (Seguindo Adiante)

Finalmente, é o momento de avaliar as etapas intermediárias concluídas até aqui e pensar nos próximos passos a partir disso.

Dessa forma, é preciso ter um modo de conferir se as ações realizadas antes desta etapa foram bem concluídas pelo *coachee*, por meio de indicadores simples e de fácil medição.

Assim, se as etapas anteriores a esta foram bem concluídas, produzir as ações com seus detalhamentos para seguir adiante será bem mais fácil.

Esse prosseguimento, então, deve ser baseado em uma análise realística, afinal, de nada adianta um excelente plano se a execução é falha.

Portanto, é válido questionar o *coachee* sobre como ele sabe que está chegando ao seu objetivo, o que exatamente fará de agora em diante e de que tipo de apoio precisa para seguir em frente.

CAPÍTULO 5

Por meio do método GROW, você poderá estruturar com seu liderado um processo de *coaching* claro e simples, que certamente produzirá bons resultados.

Contudo, antes mesmo de pensar no método, é preciso avaliar se o seu *coachee* sabe o que significa o processo de *coaching*.

Afinal, pode ser que ele nunca tenha feito *coaching* e, por isso, passará grande parte do tempo da sessão tentando descobrir aonde você está querendo chegar, com o receio, por exemplo, de ser demitido ou de estar sendo investigado.

A fim de se evitar esse tipo de desconfiança, explique claramente o que é *coaching* e o que acontecerá ali, fazendo um acordo com o seu liderado a respeito desse processo, justamente para que momentos como o fornecimento de *feedback* não incomodem além do esperado.

Esse processo deve ser, então, ritualizado de acordo com o perfil do liderado. Se você está lidando com um perfil júnior, o ideal é que sejam feitas até quatro sessões por ano. Já no caso de um perfil pleno, três sessões são o ideal. E para um perfil nível sênior, duas sessões por ano são o recomendável.

Além de ritualizar, preocupe-se também com o local e momento dessas sessões. Locais de muita exposição, por exemplo, podem deixar o *coachee* pouco à vontade ou com receio de ser visto pelos demais colegas em uma situação desconfortável com o "chefe".

E momentos de cansaço extremo ou de baixa atenção podem levar o *coachee* a ficar impaciente ou irritado facilmente, desejando que a sessão termine logo e tirando pouco proveito dela.

Assim, essas sessões devem durar de três a quatro horas, sendo aproveitadas ao máximo possível, de forma bem estruturada. Vale lembrar que tudo isso – duração, local, momento, quantidade por ano – deve ser colocado de forma clara no acordo inicial.

Dessa forma, o *coachee* irá para a sessão consciente de como ela acontecerá. Durante o seu desdobramento, fique atento se a conversa está atingindo seu objetivo e não fugindo da estrutura, para não se tornar uma discussão, uma espécie de "DR".

Se isso acontecer, não se hesite em sugerir: "podemos recomeçar?". Afinal, não há mal nenhum nisso, trata-se de um ato que demonstra maturidade e respeito ao processo.

E se, ainda assim, a sessão não entrar nos trilhos, sinta-se à vontade para encerrar a sessão, sem necessidade de ser político, simplesmente afirmando que vocês não estão conseguindo avançar na pauta, que o objetivo não está sendo alcançado e, por isso, a sessão será encerrada.

Por outro lado, se a pauta do encontro foi concluída e se avançou como era esperado, expresse isso também no encerramento, elogie a produtividade da sessão e faça

CAPÍTULO 5

sua análise de tudo que foi dito, concluindo o encontro e incentivando que ambos os envolvidos se planejem para o próximo.

Nesse sentido, se você achar necessário, leve até uma "colinha" do método GROW à mão e vá marcando etapa por etapa, conforme for passando por cada uma delas. O importante é focar na produtividade da sessão.

Para isso, a preparação prévia à sessão, pensando nas perguntas certas a serem feitas, é essencial. Afinal, não caia no erro de achar que *coaching* é um processo de aconselhamento do que é certo e errado.

Pelo contrário, você deve usar as próprias palavras do seu *coachee* para ajudá-lo a chegar a algum lugar.

Portanto, saiba ouvi-lo após fazer uma pergunta, não tenha medo de fazer pausas nos momentos certos e abandone o comportamento de falar compulsivamente, para que seu *coachee* não entre na inércia de apenas concordar com você.

No entanto, também não caia na inércia de ser levado pelo seu *coachee*. É muito comum, por exemplo, que o participante queira desviar o foco mudando de assunto, ou por querer falar sobre outro tema ou por desejar se esconder do que está sendo discutido.

Nesse caso, não se permita ser gerenciado pelo *coachee*, guie-se pelo processo e conduza a situação. Lembrando-se sempre de tirar um aprendizado de cada sessão, pois, com o tempo, você irá gerar repertório e cada vez mais sua habilidade como *coach* se desenvolverá.

Está ansioso para colocar em prática uma sessão de *coaching* com sua equipe? Na sua Jornada do Líder, na página 284, deixei um modelo de tabela GROW para auxiliar você nesse processo.

Usando-a, você poderá planejar as sessões com sua equipe e colocar em prática o método que abordamos aqui.

PERFORMANCE

> "Os homens não falham, eles desistem de tentar.
> Por isso, não pare em qualquer topada."

Muitos defendem que todos nós temos oportunidades ao longo da vida, todos com uma mesma chance de se destacar. Ampliando esse pensamento para o mundo todo, o jornalista americano Thomas Friedman escreveu o livro *O mundo é plano – uma história breve do século XXI*[*].

---

[*] O título do livro de Friedman foi inspirado em uma fala do antigo CEO da Infosys, Nandan Nilekani. De acordo com o autor, as dez forças niveladoras que atuam a nível global são: a Queda do Muro de Berlim, *Netscape*, *Software* de Fluxo de Trabalho, código aberto, *outsourcing*, *offshoring*, cadeia de fornecimento, *insourcing*, informação e os esteroides.

CAPÍTULO 5

Nele, Friedman (2005) defende que o processo de globalização derrubou as fronteiras entre os países desenvolvidos e os que buscam se desenvolver, minimizando suas barreiras de competição e os colocando em um nível próximo de possibilidades.

Daí o nome do livro, dando a ideia de planificação do mundo, onde as diferenças históricas e geográficas não são mais tão relevantes na competição global. Para corroborar seu argumento, o autor cita países como a China e a Índia, e o que chama de dez forças niveladoras, dentre elas a queda do Muro de Berlim e o *outsourcing*.

Por outro lado, há quem veja essa ideia com ironia e ceticismo. É o caso do economista indiano Pankaj Ghemawat, que escreveu um livro onde critica justamente o argumento de Friedman, contra-argumentando que o mundo, na verdade, não é plano.

Em World 3.0*, Ghemawat (2011) chama toda essa realidade de "globaboseira", defendendo que ainda vivemos em mundo semiglobalizado, onde é necessário abrirmos ainda mais os mercados sem o receio de proteger os mercados locais da competição desigual sustentada por países como China e Índia.

---
* O livro de Ghemawat é conhecido por ser um bom "anticlichê", de forma a derrubar as verdades mais comuns acerca da globalização. Para isso, dentre os seus argumentos estão dados como 90% dos habitantes da Terra jamais deixarem o país em que nasceram e 95% das pessoas se informarem apenas pela mídia de seu país.

Acredito que a ideia de Ghemawat é bastante bem-vinda quando falamos sobre este subsistema do líder *coach*, afinal, costumo dizer que o mundo também não é bem plano quando tratamos de pessoas.

Isso porque existem indivíduos de grande potencial por aí que nunca foram e, talvez, nem serão descobertos, que sequer sabem ou têm consciência de todo o seu potencial.

Essas pessoas podem passar a vida toda envoltas em uma redoma sem serem percebidas. O esporte, por exemplo, é um exemplo perfeito disso, com os famosos "olheiros" preparados para identificar traços de potencial antes que a própria pessoa os veja.

Gosto de fazer essa metáfora quando falo sobre performance porque, no ambiente empresarial, os líderes precisam estar igualmente preparados para identificar isso, a fim de começarem a perceber quais são as áreas de talento e potencial ainda suprimidas ou pouco enfatizadas dentro da organização.

Além disso, esse mesmo olhar do líder precisa estar sobre as pessoas que trabalham com ele. Muitas vezes, o líder pode mudar a vida de um indivíduo que passa por suas mãos simplesmente por identificar nele um potencial jamais visto antes.

Para isso, as pessoas precisam, de fato, querer. O "querer" é o maior combustível de alguém para aumentar

CAPÍTULO 5

sua performance! É o que costumo chamar de "desejo ardente", a capacidade de tomar pancada e, mesmo assim, seguir adiante.

O líder deve dar voz a essas pessoas, de modo a permitir que sua performance vá adiante, tirando de sua frente tudo aquilo que possa estar a suprimindo ou a refreando.

É o caso, por exemplo, dos motoristas que ocupam a faixa da esquerda em uma rodovia, espaço feito justamente para quem anda em velocidade mais alta.

Porém, esse espaço geralmente é ocupado por motoristas que andam em uma velocidade mais baixa, mas que parecem ter certo fetiche por andar na faixa da esquerda. Com isso, não só atrapalham o andamento do trânsito como também atrasam quem pode andar em uma velocidade maior.

Costumo usar essa metáfora para evidenciar o quanto pessoas de alta performance podem ser refreadas no dia a dia por outros que não estão na mesma velocidade que elas.

Ora, se há pessoas que querem (e podem) andar numa velocidade maior que você, deixe-as passar. Para que atrasá-las[*]?

---

[*] Há pessoas em sua empresa que deveriam andar na faixa da direita e parar de atrasar quem deseja andar em uma velocidade maior? E quem são as com desejo ardente? Nesta nota de rodapé, pense em sua equipe e marque algumas pessoas que se encaixam nesses perfis.

Nesse sentido, o líder deve ser um investigador preciso dessas situações em sua equipe, sobretudo no Brasil, onde os sistemas tendem a seguir um fluxo tradicionalista de oferecer mais oportunidades a quem é mais velho, possui melhor formação ou mais experiência.

Contudo, quando se fala de potencial e performance, pode ser que o indivíduo tenha apenas vinte anos, mas sua obsessão seja tão grande que ele rapidamente se torne o líder de alguém mais velho.

Ou seja, é ele quem está andando mais rapidamente? Não importa se é alguém mais jovem, deixe-o passar e vá para a faixa da direita ou, então, acelere juntamente com ele.

Portanto, o líder deveria ficar atento para ser um verdadeiro promotor de performance em sua equipe, usando dessa energia e desse desejo ardente que algumas pessoas têm para estimular uma cultura permanente de alta performance.

E que tal começar agora? Na atividade 23 da sua Jornada do Líder, disponível na página 287, você poderá escolher dois talentos de sua equipe para identificar em que eles se destacam, quais são seus principais motivadores e as áreas em que ainda podem se desenvolver.

Reflita: quais gatilhos poderiam, então, ativar o desenvolvimento desses talentos nessas áreas?

CAPÍTULO 5

MENTORING

> "Atenção na hora de escolher um conselheiro! Se você quer incentivo, não procure o profeta do caos."

Assim como falamos anteriormente, ao abordarmos a questão do alinhamento de identidade, todo líder deveria ter a sua comunidade para ser influenciado pelas pessoas certas e ainda influenciar aqueles com quem convive.

É nessa comunidade, inclusive, que o líder encontrará o que chamamos de "mentores", pessoas a quem ele pode recorrer o conhecimento na hora de tomar decisões.

Agora, como líder *coach*, é importante que você também se veja como o possível mentor de algum liderado seu, ajudando o seu *coachee* a desatar nós, a pensar de forma clara e estruturada, para enxergar os melhores caminhos e as melhores práticas.

Este processo de *mentoring* é essencial no desenvolvimento de um indivíduo ao longo de sua vida, pois o amadurecimento cronológico do ser humano tende a ser lento e pode ser ainda mais refreado quando o desenvolvimento acontece apenas na base do erro e acerto.

Assim, sem a ajuda de um mentor, levar a vida no modus operandi, vendo o que acontece e corrigindo ao longo do tempo, pode consumir muito mais tempo e energia do indivíduo. Então, quando ele começa a amadurecer e a atingir um nível de plenitude, tendo já passado por trinta, quarenta ou cinquenta anos, o seu tempo, infelizmente, começa a acabar.

Daí a importância de um mentor para acelerar esse processo de desenvolvimento. E esse *mentoring* não precisa acontecer apenas entre líder e liderado, mas também com qualquer modelo de referência para o *coachee*.

Eu, por exemplo, costumo recorrer a Richard Branson, dono do Virgin Group, como meu mentor. Certa vez, inclusive, fui ironizado em um grupo de empresários ao afirmar isso. Afinal, como eu poderia ter o próprio Branson como o meu mentor?

Ora, você não precisa fazer um processo de *mentoring* pessoalmente para se inspirar em um grande expoente. Mas posso ser um estudioso do jeito "Richard de ser", ser obcecado pela sua biografia a fim de poder usar o seu modo de pensar em alguns momentos.

Dessa forma, quando estiver diante de um conflito, no qual eu não me sinta totalmente capacitado ou seguro, posso refletir em como Richard Branson[*] lidaria com isso e em

---

[*] O magnata Richard Branson é conhecido por ser um empreendedor de sucesso com um estilo altamente competitivo e desafiador. Ele já relatou ter aprendido a nadar, ainda adolescente, apenas por conta de uma aposta que o desafiou. Outra vez, quando perdeu uma disputa, passou horas vestido de aeromoça servindo passageiros de um voo, mesmo já sendo um megaempresário. E, certa vez, escreveu em seu blog: "Eu tenho vivido uma vida incrivelmente plena – na família e nos negócios, têm acontecido momentos excelentes".

CAPÍTULO 5

como ele agiu em determinados momentos de sua história, recorrendo a um modelo de referência para me ajudar.

A questão é que, como mentor, o líder *coach* pode ser um grande agente de transformação pessoal e cultural de seus liderados, pois à medida que ele transforma pessoas, transforma mesmo! Consiste em tirar um cidadão do ostracismo ou da zona média e transformá-lo em ícone.

Ou seja, o líder pode ser capaz de tirar pessoas da vala comum, para que, juntamente com essas pessoas, possa ir transformando a cultura das empresas, da sociedade e do país como um todo, combatendo a mediocridade que nos assola em todas as esferas.

Assim, quero que esse subsistema incentive você a ser um líder combatente da mediocridade, combatente da cultura mediana que é tão aceita em nosso país, a qual costuma taxar de "loucos" todos aqueles que desejam sair da fila comum.

No entanto, não tenha o desejo de obter o reconhecimento de seu trabalho imediatamente. Pois, assim como o desenvolvimento do ser humano é lento, o reconhecimento do líder também á tardio.

Por isso, não se apegue a indicadores de popularidade, querendo ser um líder reconhecido e amado por todos, pois assim você poderá cair no erro de se tornar assistencialista ou paternalista.

O LÍDER 3D

Sem nenhuma ansiedade, guie seus liderados em busca de seu desenvolvimento máximo, ciente de que o seu maior legado como líder está no futuro dos seus liderados.

AS PRINCIPAIS ISSUES DO LÍDER COACH

Assim, finalizamos a última dimensão do Líder 3D também apresentando as principais *issues* do líder *coach*, com base em todos os subsistemas vistos até aqui:

- Modelo e processo de *coaching*
- *Coaching* aplicado ao PDI
- *Coaching* aplicado a vendas
- Formação do gerente treinador
- Treinamento *on the job*
- *Feedback*
- *Behavior Skills*

Para internalizar o processo de *coaching* que vimos neste capítulo, quero convidar você a realizar um *self-coaching*, pensando em como você tem avançado em direção dos seus objetivos.

E, além disso, você também poderá convidar outros colegas de trabalho a fazê-lo, líderes ou não, para dividir com eles a reflexão proporcionada pelo *coaching*.

CAPÍTULO 5

Para isso, acesse a plataforma do Líder 3D Digital com seu *login*, vá para a área da atividade do quinto capítulo e comece por você a transformação que deseja ver em seus liderados.

CAIU A FICHA?

Você nunca sabe quem tem razão, mas sempre sabe quem está comandando. Você tem capacidade de comando?

Chegamos ao último capítulo de nossa jornada na sua transformação como um novo líder.

Portanto, é hora de você pensar como um todo: quais transformações aconteceram até aqui? O que você mudou em seu dia a dia por meio do que aprendeu com esta leitura?

Caíram algumas fichas?

CONSTRUA O SEU LEGADO

CONSTRUA O SEU LEGADO

Eu, Scher Soares, tenho uma preocupação pessoal muito grande em não deixar as pessoas caírem em sua zona de conforto. Até por isso, sou conhecido por pregar um estilo de liderança um pouco mais intenso, pois realmente acredito que podemos transformar pessoas assim.

O ser humano tem um potencial ilimitado, mas, se não estiver em um contexto favorável, desenvolvendo-se em um ambiente propício, poderá ter seu desenvolvimento refreado.

Por isso, dedico-me tanto a transformar os líderes, para que eles sejam capazes de transformar as pessoas à sua volta, pois acredito que podemos ter mais pessoas incríveis trabalhando nas organizações, podemos ser um país de pessoas incríveis. Esta é a minha missão.

E você, já definiu a sua missão? Não sei se, ao chegar até aqui, você conseguiu mudar sua percepção em relação à seriedade que existe na função de SER líder. Talvez, como muitos outros, você tenha pretendido ocupar a cadeira de liderança com o desejo de comando, atraído pelo sentimento prazeroso do poder, que invade os sonhos de muitos.

Afinal, a vontade de exercer comando sobre outras pessoas é fascinante aos olhos do aspirante a líder. Mas, ao longo de sua vivência e experiência, com um pouco de inteligência, logo nos primeiros passos percebe que, adotando essa postura, irá conquistar algumas coisas, por algum tempo, mas terá de abrir mão de muitas outras se quiser fazer valer suas frágeis convicções.

Então, o que era aparentemente confortável passa a gerar um turbilhão de dúvidas sobre como atuar com tantas informações, conexões, sentimentos e afins.

Não tem jeito, a vida lapida, e muitos vão ter de sofrer para entender que você pode exercer partes de um conceito e ter resultados por um tempo, porém para ter resultados permanentes sempre terá de evoluir para uma versão mais completa como líder.

O exercício da liderança é complexo e pega muita gente desprevenida, portanto, para você sofrer menos e evoluir mais rápido, é que estudamos os modelos de liderança e os comportamentos de líderes e liderados, tendo chegado a este conceito de Liderança 3D.

Como você viu, o conceito Liderança 3D traz todo um pensamento amplo sobre o tema e coloca você numa posição privilegiada, capaz de torná-lo um *expert* em liderança, cobrindo de forma inteligente todas as dimensões e os subsistemas desta que é uma das mais belas atribuições do ser humano: liderar.

Por isso, não perca a oportunidade de evoluir, revendo seu plano de desenvolvimento sempre e ajustando as velas para navegar cada vez mais tranquilo em seu propósito.

CONSTRUA O SEU LEGADO

Pois liderar é interferir seriamente na vida de outras pessoas, e cada um desses profissionais que você lidera tem sonhos, aspirações e espera que você deixe uma linda marca na sua história.

E, então, qual será o legado que você quer deixar como líder? Essa é a hora de construí-lo!

FONTES DE CONSULTA

FONTES DE CONSULTA

CAPÍTULO 1

WIKIPÉDIA. *Andragogia.* Disponível em: <https://pt.wikipedia.org/wiki/Andragogia>. Acesso em: set. de 2016.

SEBRAE. *Pesquisa GEM revela taxa de empreendedorismo no país.* Disponível em: <http://www.sebrae.com.br/sites/ Portal-Sebrae/bis/pesquisa-gem-revela-taxade-empreendedorismo-no-pais,eb3913c33 4085510VgnVCM1000004c00210aRCRD>. Acesso em: set. de 2016.

CIELO, Cesar. *Perfil Cesar Augusto Cielo Filho.* Disponível em: <http://www.cesarcielo. com.br/home/?page_id=47>. Acesso em: set. de 2016.

REUTERS. *Capitão do Costa Concordia é condenado a 16 anos de prisão por desastre.* Disponível em <http://br.reuters.com/article/ worldNews/idBRKBN0LF2BY20150211>. Acesso em: set. de 2016.

G1, Mundo. Recurso de capitão do Costa Concordia é julgado na Itália. Disponível em: <http://g1.globo.com/mundo/ noticia/2016/04/recurso-de-capitao-docosta-concordia-e-julgado-na-italia.html>. Acesso em: set. de 2016.

G1, Mundo. *Comandante do Costa Concordia é condenado a 16 anos de prisão.* Disponível em: <http://g1.globo.com/mundo/noticia/2015/02/comandante-do-costa-concordia-e-condenado-16-anos-de-prisao.html>. Acesso em: set. de 2016.

O LÍDER 3D

UOL, ESPN. *Empreendedor, comentarista e técnico: saiba onde estão hoje os 'galácticos' do Real Madrid.* Disponível em: <http://espn.uol.com.br/noticia/571375_empreendedorcomentarista-e-tecnico-saiba-onde-estaohoje-os-galaticos-do-real-madrid>. Acesso em: out. de 2016.

GLOBO ESPORTE. *Após 10 anos, revista inglesa revive time de galácticos do Real Madrid.* Disponível em: <http://globoesporte.globo.com/futebol/futebol-internacional/futebolespanhol/noticia/2013/05/apos-10-anosrevista-inglesa-revive-time-de-galacticos-doreal-madrid.html>. Acesso em: out. de 2016.

CAPÍTULO 2

YOUTUBE. *Sister Act - Sister Mary Clarence Taking Over The Choir.* Disponível em: <https:// www.youtube.com/watch?v=37hkxf5RaXc>. Acesso em: out. de 2016.

CAPÍTULO 3

ÉPOCA, Blog do Planeta. *Volkswagen admite nova fraude nos poluentes de seus carros - agora com CO2.* Disponível em: <http://epoca.globo.com/colunas-e-blogs/blog-do-planeta/noticia/2015/11/volkswagen-admite-novafraude-nos-poluentes-de-seus-carros-agoracom-co2.html>. Acesso em: out. de 2016.

FONTES DE CONSULTA

G1, Auto Esporte. *Escândalo da Volkswagen: veja como a fraude foi descoberta*. Disponível em: <http://g1.globo.com/carros/noticia/2015/09/escandalo-da-volkswagenveja-o-passo-passo-do-caso.html>. Acesso em: out. de 2016.

G1, Auto Esporte. *Volkswagen admite que 11 milhões de carros têm software que frauda testes*. Disponível em: <http://g1.globo.com/ carros/noticia/2015/09/volkswagen-admite-que-11-milhoes-de-carros-tem-software-quefrauda-testes.html>. Acesso em: out. de 2016.

O GLOBO, Acervo. *Na Operação Barbarossa, Hitler rompe com Stálin e Alemanha invade URSS*. Disponível em: <http://acervo.oglobo.globo.com/fatos-historicos/na-operacaobarbarossa-hitler-rompe-com-stalinalemanha-invade-urss-19552218>. Acesso em: out. de 2016.

CAPÍTULO 4

UOL, Olimpíadas 2016. *Bernardinho troca broncas por estilo "light" e leva o 2º ouro da carreira*. Disponível em: <http://olimpiadas. uol.com.br/noticias/redacao/2016/08/21/ bernardinho-troca-broncas-por-estilo-lighte-leva-o-2-ouro-da-carreira.htm>. Acesso em: nov. de 2016.

WIKIPÉDIA. Abraham Maslow. Disponível em: <https://pt.wikipedia.org/wiki/Abraham_ Maslow>. Acesso em: nov. de 2016.

MVC, Instituto. *Você Lidera Búfalos ou Gansos?* Disponível em: <http://www. institutomvc.com.br/artigos/post/voce-lidera-bufalos-ou-gansos>. Acesso em: nov. de 2016.

CAPÍTULO 5

EXAME.COM. *O mundo não é plano, diz professor indiano.* Disponível em: <http:// exame.abril.com.br/revista-exame/o--mundonao-e-plano/>. Acesso em: nov. de 2016.

WIKIPÉDIA. *O mundo é plano: uma breve história do século XXI.* Disponível em: <https:// pt.wikipedia.org/wiki/O_Mundo_%C3%89_ Plano:_uma_Breve_Hist%C3%B3ria_ do_S%-C3%A9culo_XX>. Acesso em: nov. de 2016.

GHEMAWAT, Pankaj. *World 3.0, Global Prosperity and How to Achieve it.* Disponível em: <http://www.ghemawat.com/books_ world-3.0-global-prosperity-and-how-toachieve-it>. Acesso em: nov. de 2016.

EXAME.COM. *43 momentos que definiram a trajetória de Richard Branson.* Disponível em: <http://exame.abril.com.br/negocios/43momentos-que-definiram-a-trajetoria-derichard-branson/>. Acesso em: nov. de 2016.

JORNADA DO LÍDER

JORNADA DO LÍDER

ATIVIDADE 1

Cada pessoa possui diferentes identidades, ou seja, papéis que exerce durante a sua vida.

Por exemplo, podemos pensar em uma executiva que tenha as identidades de líder, mãe, esposa, mulher, etc.

Quem é você, ou seja, quais são as suas identidades?

Insira as informações nos campos destacados no exercício a seguir e, depois, pensando em um período de uma semana, avalie e pontue o tempo alocado para cada identidade de 0 a 100%.

Lembre-se: a somatória do tempo para todas as identidades deverá ser de 100%.

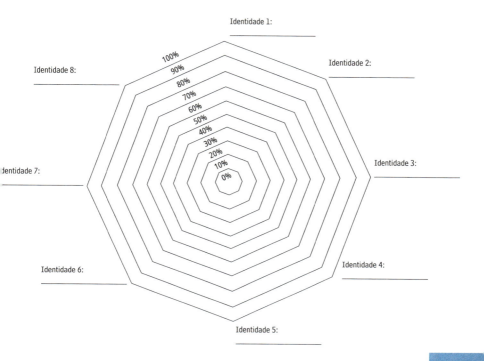

ATIVIDADE 2

Vimos que a liderança é exercida por meio de diferentes tipos de influência.

Na tabela a seguir, faça a sua autoavaliação pontuando com "x" qual ou quais tipos de influência você exerce em seus liderados e descreva evidências que confirmem a sua resposta.

Depois, escolha três liderados para avaliar o motivo pelo qual você exerce a sua liderança, ou seja, como os liderados reconhecem a sua liderança.

Esteja aberto e busque respostas sinceras, com evidências concretas em relação às respostas.

Compare as respostas. Existem pontos comuns e divergentes? Em sua opinião, existe algum ponto de atenção que você deve levar em conta para desenvolver uma ação como líder?

JORNADA DO LÍDER

Tipo de Influência	Autoavaliação	Evidências	Liderado 1	Liderado 2	Liderado 3
Pessoal, Força Interior					
Nível de Relacionamento					
Posição maior que seu liderado					
Conhecimento					
Performance no Trabalho					

Ponto de Atenção	Ação Proposta

O LÍDER 3D

ATIVIDADE 3

Assumir identidades diferentes daquelas que estamos acostumados é sempre um grande desafio para todo e qualquer líder, pois significa mudar percepção, *mindset* e todos os itens listados na imagem que você acabou de ver.

Para ser eficiente e produtivo, é preciso alinhar os diversos níveis ao contexto atual ou desejado e, ainda, à identidade que se espera desse contexto.

Agora, responda às questões a seguir:

Qual é o contexto atual da sua empresa? Quais são os principais desafios de mercado e de operações? Quais são as principais necessidades e/ou demandas de clientes que você precisa lidar? Quais são as mudanças pelas quais a organização passou e vem passando? Quais são as principais "dores" organizacionais e de negócios?

_____
_____
_____
_____
_____
_____
_____
_____
_____

JORNADA DO LÍDER

Além de pensar em seu contexto atual, reflita sobre seu contexto desejado. Como seria a organização ideal daqui a um ano? Quais mudanças são necessárias? Que tipo de empresa você espera? Como você se vê no futuro? Quais progressos pretende obter? Quais os principais objetivos de negócio, objetivos institucionais e estratégicos da organização?

_____
_____
_____
_____
_____
_____
_____
_____
_____
_____

ATIVIDADE 4

Avaliando o contexto atual e desejado, agora descreva quais os seus papéis, responsabilidades e atribuições na tabela a seguir.

Para cada papel, elenque três responsabilidades, e para cada responsabilidade, três atribuições:

JORNADA DO LÍDER

Papel	Responsabilidades	Atribuições
É a razão da existência da função	Aquilo pelo que você responde	Tarefas que devem ser desempenhadas para entregar a sua responsabilidade

ATIVIDADE 5

A partir do conceito de Liderança Tridimensional, relacione cada subsistema da liderança mencionado na página a seguir com a respectiva dimensão da liderança.

Lembre-se: no decorrer da sua leitura, você pode revisitar os resultados iniciais desse exercício.

JORNADA DO LÍDER

- ✓ Estratégia
- ✓ Acompanhamento
- ✓ Mobilização
- ✓ Tarefas e Entregáveis – Execução
- ✓ Engajamento
- ✓ Treinamento
- ✓ Orçamentos e Recursos
- ✓ Capacitação
- ✓ Motivação
- ✓ Eficiência e Produtividade
- ✓ Coordenação
- ✓ Plano de Desenvolvimento Individual
- ✓ Resultados
- ✓ *Feedback*
- ✓ Delegação
- ✓ Planejamento
- ✓ Cultura e Time
- ✓ *Coaching*
- ✓ Processo
- ✓ *Mentoring*
- ✓ Integração
- ✓ Performance
- ✓ Sistemas e Estrutura
- ✓ Comunicação

LÍDER GESTOR

LÍDER DE TIMES

LÍDER COACH

O LÍDER 3D

ATIVIDADE 6

Agora, vamos verificar de que forma você aloca seu tempo entre as três dimensões da liderança. Relembre o seu dia a dia e aponte no gráfico qual o percentual de tempo que você dedica a cada dimensão, de tal forma que a soma resulte em 100% do seu tempo.

Depois, faça a reflexão a seguir.

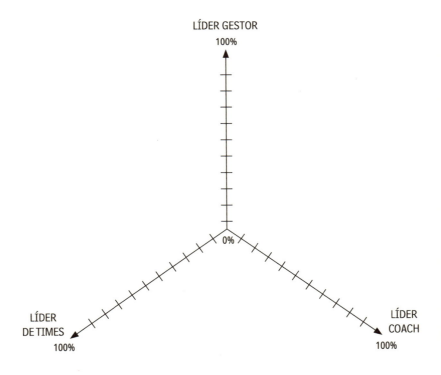

JORNADA DO LÍDER

O tempo dedicado em cada dimensão é o ideal?
_____
_____
_____
_____
_____
_____

Por quais razões tem passado mais tempo na dimensão definida por você?
_____
_____
_____
_____
_____
_____

Quais são os possíveis gaps?
_____
_____
_____
_____
_____
_____

O LÍDER 3D

ATIVIDADE 7

Faça sua autoavaliação sobre a efetividade nas dimensões da liderança. Identifique no gráfico como você se observa em cada dimensão.

Considere, agora, cada dimensão sendo 100%.

Depois, faça a reflexão a seguir.

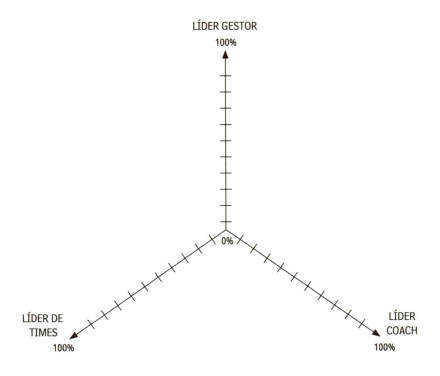

JORNADA DO LÍDER

O que leva você a ser mais efetivo na dimensão com maior nota?
_____
_____
_____
_____
_____
_____

Com qual dimensão você mais se identifica?
_____
_____
_____
_____
_____
_____

Existe algum tipo de correlação entre a atividade de distribuição do tempo e esta?
_____
_____
_____
_____
_____
_____
_____

O LÍDER 3D

ATIVIDADE 8

Trade-off das Responsabilidades do Líder.

Faça uma autoavaliação sobre as responsabilidades do líder.

De 0 a 10, quanto você se considera eficaz em cada missão representada no gráfico a seguir?

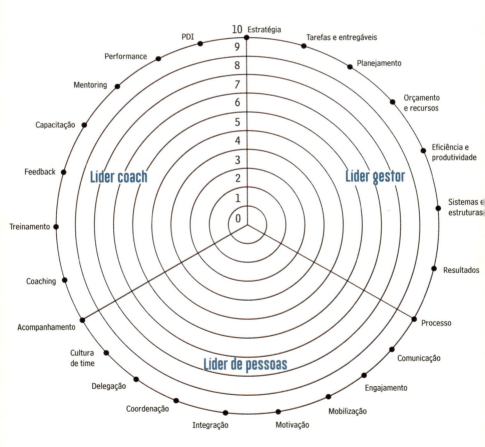

ATIVIDADE 9

Analise sistemicamente a operação do seu negócio e todos os processos envolvidos e identifique os principais desvios de execução considerando:

Principais processos ou atividades	Quais as falhas de execução ou desvios de performance	Riscos ou impactos de não executar	Riscos ou impactos de executar mal

Agora, identifique missões prioritárias e eleja ações corretivas com iniciativas imediatas:

_____
_____
_____
_____
_____
_____

O LÍDER 3D

ATIVIDADE 10

A análise de indicadores de resultado é fundamental para que o líder exerça o papel de líder gestor.

Agora, vamos:

1. Listar os indicadores de resultado do seu negócio.
2. Identificar o peso de cada indicador na composição do resultado final.
3. Identificar a unidade de medida de cada indicador, informando sua origem.

Dessa forma, você irá obter a relação de indicadores do seu negócio, bem como a priorização para a análise dos resultados.

JORNADA DO LÍDER

Indicador	Peso (1 a 5)	Medida	Origem do Dado
Exemplo: Cobertura de Cota de Vendas	Exemplo: 4	Exemplo: unidades	Exemplo: relatório mensal da Diretoria

O LÍDER 3D

ATIVIDADE 11

Neste momento, você poderá estruturar o seu plano pessoal e exercitar a habilidade de planejamento. Para isso, vamos utilizar a Estrutura GROW:

G - Goals	R - Reality	O - Options	W – What/When
Metas Objetivos	Realidade Situação Atual	Opções Caminhos a percorrer	O quê/quando O que fazer e prazo
1.			
2.			
3.			

JORNADA DO LÍDER

ATIVIDADE 12

A sistematização da agenda é fundamental para o aumento da produtividade. A sistematização vai além do planejamento!

Para isso, é fundamental uma análise criteriosa da utilização do tempo. Inclua todas as atividades, sem exceção.

Agora, pensando na sua rotina durante uma semana, avalie suas atividades e possíveis sabotadores de tempo, utilizando as tabelas a seguir. Após essa etapa, estruture uma agenda produtiva.

O LÍDER 3D

AGENDA / PLANEJADO

	Segunda	Terça	Quarta	Quinta	Sexta
06:00 - 07:00					
07:00 - 08:00					
08:00 - 09:00					
09:00 - 10:00					
10:00 - 11:00					
11:00 - 12:00					
12:00 - 13:00					
13:00 - 14:00					
14:00 - 15:00					
15:00 - 16:00					
16:00 - 17:00					
17:00 - 18:00					
18:00 - 19:00					
19:00 - 20:00					
20:00 - 21:00					
21:00 - 22:00					

JORNADA DO LÍDER

AGENDA / REALIZADO

	Segunda	Terça	Quarta	Quinta	Sexta
06:00 - 07:00					
07:00 - 08:00					
08:00 - 09:00					
09:00 - 10:00					
10:00 - 11:00					
11:00 - 12:00					
12:00 - 13:00					
13:00 - 14:00					
14:00 - 15:00					
15:00 - 16:00					
16:00 - 17:00					
17:00 - 18:00					
18:00 - 19:00					
19:00 - 20:00					
20:00 - 21:00					
21:00 - 22:00					

O LÍDER 3D

Plano de sistematização da agenda:

Quais os pontos de melhoria que você irá incluir na sua agenda diária para minimizar os sabotadores de tempo?

Pontos de melhoria	Como irá colocar em prática
1.	
2.	
3.	
4.	
5.	

ATIVIDADE 13

Abaixo, você encontrará uma série de afirmações que envolvem os subsistemas do líder gestor a respeito do que acontece, hoje, em sua organização. Sobre cada uma delas, você terá de dizer se concorda, discorda ou nem concorda ou discorda do que está sendo afirmado.

Após respondê-las, você pode compartilhar suas respostas com, pelo menos, três profissionais que trabalham com você para responder a essas mesmas afirmações.

Em uma escala de 1 a 7, até que ponto você discorda ou concorda com as seguintes informações? Considere as seguintes classificações:

1 = Discordo totalmente
2 = Discordo
3 = Discordo parcialmente
4 = Sou neutro
5 = Concordo parcialmente
6 = Concordo
7 = Concordo totalmente

O LÍDER 3D

Informação Compartilhada e Comunicação Aberta

_____ Em sua organização, as pessoas têm fácil acesso às informações de que precisam para fazer o trabalho com eficácia.

_____ Em sua organização, planos e decisões são comunicados de forma que sejam claramente entendidos.

Visão Arrebatadora: Propósito e Valores

_____ Em sua organização, a liderança está alinhada com uma visão e valores compartilhados.

_____ O pessoal de sua organização demonstra paixão pelo propósito e pelos valores compartilhados.

Aprendizagem Contínua

_____ As pessoas que trabalham em sua organização recebem um apoio eficaz para desenvolver novas habilidades e competências.

_____ Sua organização incorpora continuamente novas aprendizagens às formas já padronizadas de conduzir os negócios.

Foco Incansável em Resultados Voltados para o Cliente

_____ Todos em sua organização mantêm o mais alto padrão de qualidade e de serviços.

_____ Todos os processos de trabalho são planejados para facilitar que seus clientes façam negócios com você.

JORNADA DO LÍDER

Sistemas e Estruturas Energizados
_____ Os sistemas, as estruturas e as práticas formais e informais de sua organização estão integrados e alinhados.

_____ Os sistemas, as estruturas e as práticas formais e informais facilitam o trabalho das pessoas em sua organização.

Poder Compartilhado e Alto Nível de Envolvimento
_____ Em sua organização, as pessoas têm oportunidade de influenciar as decisões que as afetam.

_____ Em sua organização, equipes são usadas como veículo para a realização de tarefas e para influenciar decisões.

Liderança
_____ Os líderes acreditam que liderar é servir e não ser servido.

_____ Os líderes removem barreiras para ajudar as pessoas a se concentrar em seu trabalho e em seus clientes.

O LÍDER 3D

ATIVIDADE 14

Quais são os Big Goals da sua organização, ou seja, quais são os objetivos estratégicos da sua organização?

1.
2.
3.
4.
5.

Quanto à sua equipe:

1. Foi devidamente informada a respeito? Isso é relevante, em sua opinião? Por quê?

___
___
___
___
___
___
___

JORNADA DO LÍDER

2. Tem uma visão clara das prioridades estratégicas da sua área? Sabe como sua área contribui para o atingimento dos objetivos estratégicos da organização?

_____
_____
_____
_____
_____
_____
_____

3. Consegue explicar quais são os objetivos da sua área e por que esses objetivos para os próximos meses?

_____
_____
_____
_____
_____
_____
_____

O LÍDER 3D

ATIVIDADE 15

Quanto ao seu nível motivacional, faça a autoavaliação abaixo.

Enumere de 1 a 20 as ações, situações ou contexto, na ordem do que mais motiva você a agir para o que menos motiva:

( )	Reconhecimento	( )	Propósito claro
( )	Autonomia	( )	Desafios
( )	Dinheiro	( )	Confiança na empresa
( )	Segurança	( )	Visão arrebatadora
( )	Família	( )	Realização pessoal
( )	Relacionamento com a equipe	( )	Relacionamento com o superior
( )	Significância da tarefa	( )	Ambiente de trabalho agradável
( )	Capacidade de inovação	( )	Oportunidade de crescimento
( )	Variedade de tarefas	( )	Equilíbrio entre a vida pessoal e profissional
( )	Respeito aos outros	( )	Relacionamento com pares

JORNADA DO LÍDER

Agora, reflita e responda abaixo:

1. Como essa ordem reflete as suas decisões?
_____
_____
_____
_____

2. Como esses gatilhos motivacionais impactam em seus resultados?
_____
_____
_____
_____

3. Como você gostaria que fosse?
_____
_____
_____
_____

4. Quais desses fatores dependem de um agente externo?
_____
_____
_____
_____

O LÍDER 3D

Reflexões:

JORNADA DO LÍDER

Reflexões:

ATIVIDADE 16

Agora que conhece a sua motivação, é fundamental conhecer a motivação da sua equipe.

Cada colaborador possui um conjunto de estímulos externos muito particular, e conhecê-los significa usar esses estímulos da melhor forma para que a equipe se mantenha com alto grau de energia e motivação.

Nesta atividade, sugerimos que você reflita sobre cada colaborador da equipe identificando:

JORNADA DO LÍDER

Colaborador	Gatilhos Motivacionais Utilize a relação do exercício anterior para a descrição	Alavancas Quais são as ações que geram esses estímulos na prática	Intensidade do estímulo A intensidade de estímulo para esse colaborador deve ser alta, média ou baixa?	Frequência do estímulo A frequência de estímulo para esse colaborador deve ser alta, média ou baixa?

O LÍDER 3D

ATIVIDADE 17

É importante a avaliação de como você altera o seu comportamento de comunicação. No exercício a seguir, convido você a pensar em dois relacionamentos, sendo um deles doloroso e outro muito agradável.

Com as sensações geradas pelos seus pensamentos, avalie o grau de problema que a situação sugerida abaixo cria para você, alternando o seu comportamento de comunicação.

Talvez, você perceba que existirão áreas onde é necessário trabalhar.

Responda às perguntas utilizando a escala a seguir:

Situação em que:	Relacionamento Doloroso	Relacionamento Agradável
Expressa ideias de maneira difusa.		
Tenta dominar as conversações.		
Geralmente tem uma agenda oculta.		
É formal e impessoal.		
Não escuta bem.		
Distrai-se facilmente durante a conversa.		
É introvertido e pouco comunicativo.		
É sensível demais, magoa-se facilmente.		
É muito abstrato e difícil de acompanhar.		
É fechado para ideia dos outros.		

JORNADA DO LÍDER

Agora reflita sobre o resultado e responda:

1. Que padrões você observa?

_____
_____
_____
_____
_____

2. Como o seu comportamento de comunicação varia nesses dois relacionamentos?

_____
_____
_____
_____
_____

3. Ao comparar o seu comportamento nesses dois relacionamentos, há algo que você possa fazer para ser mais efetivo no relacionamento doloroso?

_____
_____
_____
_____
_____
_____

O LÍDER 3D

Reflexões:

JORNADA DO LÍDER

ATIVIDADE 18

Agora, trabalharemos uma rotina de acompanhamento de seus liderados.

Abaixo, você pode destacar quais são as inerências e os fatores críticos de sucesso para um bom acompanhamento de sua equipe e quais são os processos que definem esse sucesso.

Tarefas que devem ser desempenhadas pelos liderados	Fatores críticos de sucesso para a efetividade da entrega	KPI'S
Ex: Contato com 30 clientes semanais.	Ex: O líder deve acompanhar e analisar o roteiro de planejamento de contatos do liderado - semana.	Ex: Roteiro com 60 contatos planejados na semana.

ATIVIDADE 19

Para definir as prioridades de desenvolvimento dos liderados é necessário avaliar quais as "ferramentas que estão faltando na caixa" de cada liderado para, depois, definir o formato de capacitação necessário para cada um.

Na atividade abaixo, avalie pelo menos duas prioridades de capacitação na sua equipe.

Colaborador	Capacitação	
	Ferramentas Necessárias Pense no CHA - Conhecimento, Habilidade e Atitudes	**Formato e Modelos sugeridos**
Ex:	Conhecimento do produto trabalhado	Estudo do manual do produto e elaboração de questionário mensal
	Técnicas de negociação	Assistir semanalmente 1 vídeo na internet sobre negociação e reportar aprendizado

JORNADA DO LÍDER

ATIVIDADE 20

Nessa atividade, vamos trabalhar um modelo de Plano de Desenvolvimento Individual (PDI) do liderado.

Colaborador:			
Prazo	Metas	Competências a desenvolver	Como desenvolver as competências
Curto			
Médio			
Longo			

Observações:
_____
_____
_____
_____
_____
_____

O LÍDER 3D

Escolha um colaborador da equipe para desenvolver o seu PDI.

Data:		
Calendarização	**Resultados esperados**	**Acompanhamento e KPIs**

Observações:

___
___
___
___
___
___

JORNADA DO LÍDER

ATIVIDADE 21

Neste momento, escolha alguns membros da equipe para desenvolver uma estrutura de *feedback* que leve em conta o perfil do liderado, suas reações mais comuns e as possíveis abordagens frente a isso.

Colaborador	Gatilhos motivacionais e expectativas	Talentos observados	Áreas de performance em potencial	Áreas de resistência e justificativas

Pontos de melhoria	Evidências (dados e fatos relacionados)	Abordagens relevantes	
1.			
2.			
3.			

ATIVIDADE 22

O modelo GROW pode auxiliar você no planejamento e execução das sessões de *coaching*. Escolha alguns membros da equipe para planejar a sessão de *coaching*, desde as necessidades do colaborador até o desenvolvimento de perguntas poderosas que irão garantir a efetividade da sessão.

G Quais são os seus objetivos?	R Qual é a situação atual?	O Quais são as opções disponíveis?	W Qual é o primeiro passo?
Quais são os seus objetivos?	Onde você está agora se comparado ao seu objetivo?	O que você faria para evitar interferências?	Quando você fará isso?
De todos eles, em qual você quer focar nesta sessão?	Quais são as forças que impulsionam você?	Quais são as alternativas viáveis?	Esta ação irá levar você ao seu objetivo?
O que você ganha se alcançar o seu objetivo?	O que pode interferir no atingimento do seu objetivo?	O que os outros estão fazendo?	Qual é a sequência de ações?
O que você perde se não alcançar o objetivo?	O que você já tentou em relação a isso?	O que você já sabe que pode aplicar para ajudá-lo a atingir o seu objetivo?	Realizando tudo isso, você conseguirá o que deseja?
O que isto te traz de reflexão?	Por que algumas tentativas não deram certo antes?	O que você precisa aprender ou desenvolver para chegar aonde você deseja?	O quanto está disposto a colocar em prática?

JORNADA DO LÍDER

Planejamento:

Colaborador	G Definir objetivos e metas da sessão	R Qual é a situação atual? Quais são as oportunidades de melhoria? O que o colaborador não está enxergando?	O Quais as opções? O que os outros colaboradores estão fazendo? O que mais pode ser feito?	W Qual é o primeiro passo? Quando será feito isso? Esta ação o levará ao objetivo desejado?

O LÍDER 3D

Reflexões:

ATIVIDADE 23

Neste momento, vamos estimular a Cultura de Performance por meio da avaliação de talentos.

Escolha dois talentos da sua equipe e analise os pontos abaixo:

Colaborador	Principais motivadores	Áreas de destaque - Talentos	Áreas de evolução / novas áreas de atuação	Pontos de desenvolvimento para chegarem ao novo patamar